頓悟之道

勝鬘經講記

謝大寧 著

東大圖書公司

謝大寧教授《勝鬘經講記》序

　　《勝鬘經》的全名是《勝鬘獅子吼一乘大方便方廣經》，是劉宋天竺三藏求那跋陀羅譯。另一譯本是東晉安帝時曇無識三藏譯，名《勝鬘獅子吼一乘方便經》，此本已佚；尚有唐武后時菩提流支三藏所譯《勝鬘夫人會》，是《大寶積經》中的第四十八會。今之《勝鬘經講記》依第一種譯本。

　　謝大寧教授執教於國立中正大學中文研究所，在研究所授業餘暇，我邀請他到香光尼眾佛學院對全體學生講解本經，時間在民國八十三年十月，上課時數共計二十五個小時。本書是當時的講稿整理，曾在《香光莊嚴》雜誌第四十六期到第五十六期連載，引起諸多迴響。現在講稿將成書付梓，教授要我寫序，於是我整理他的講經過程。

　　《講記》開講之初，教授曾開宗明義的說：一、「這是我的讀經心得報告」，報告方式「在意義上和民初以來內學院式，乃至印順法師的講經，都有本質的差別」，「無意再參與到原始佛教性格的確立這一問題意識上，去分辨中印的差別。」二、他知道「佛教經典基本上皆是修行重於思想的，此經亦不例外。」而自己是「一個非修行的學院中人」，不能作「修行式的講經方式」。三、這部經在經文的表達順序是以勝鬘夫人的行為出發，附帶而有種種理路的說明。這一表達方式是佛教

所重，於基本上卻不利於哲學分析的，他卻仍採取哲學的分析與詮釋。四、講述的步驟不擬依照經文的次序進行，只著眼在通過經文嘗試理出經文理路的出發點，並進一步做結構性的探索。五、這是屬於個人讀經的思索，此一思索有待批判，這是無疑的，他也不期待其必然正確，卻能以虔誠的心思索之，也以同樣的心願意迎接批判。

這是謝大寧教授講經的方式，是哲學的、分析的、詮釋的。例如在經典中「無始無名住地」一詞，他解釋為「結構性的煩惱」——種種社會的結構，是每個人所處的那個網路本身，它衍生無窮無盡的塵沙煩惱。這確是令人耳目一新的哲學詮釋！顯然這種說法是立基於社會、環境、共業的立場所作的解釋，與佛教傳統就煩惱、纏、隨眠等角度而究其微細根源的說法是不同的。

本經在大乘三系中屬真常唯心系，以如來果德為究竟歸趣。它從始至終說的是一個法門——「攝受正法」。人們能「攝受正法」：不斷自我提昇向上、向善，是來自一個信仰——一種對「真心」的信仰、肯定。謝教授是用功的、虔誠的，願意迎接批判的。他的治學態度如此，修學佛法，豈獨例外？可謂「苟日新、又日新、日日新」。能掌握初發心，是可喜的、彌足珍貴的。謹以為序

悟　因

2000年12月10日

原　序

　　這篇文字是依據我幾年前，承香光寺悟因師父之邀，於寺中報告《勝鬘經》思想的內容整理而成。對於曾協助處理此一講稿的眾位法師和朋友的費心整理，我謹藉此表達誠摯的謝意。

　　憑良心說，能有機緣報告我的讀經心得，原已讓我受寵若驚、愧不敢當，而今更要將此講稿化為文字，讓我益發有誠惶誠恐之感。我想在全文刊布之初，實有必要略為交代我報告此經的緣起、問題和方法，以方便讀者進入這次講述的情境。

　　關於緣起，也許必須從香光寺所舉辦的一次有關「僧團志業」的研討會講起。在那次研討會中，我有幸受邀全程參與。在其中，我也觀察到了存在於臺灣佛教界的一些問題：人間佛教的理想是受到普遍肯定的，但奉獻的次第是以「己未得度，先度人者，菩薩發心」，抑或「所作已辦，不受後有」為要務？簡而言之，就是大乘佛教入世利他與出世解脫道的抉擇——又要照顧僧團的集體志業，又要照顧個人的修持。於是在會中我曾大膽地做了一些建議，而我的提議事實上皆須建立在佛教經典的新詮釋上，以期望在外弘與內修間取得

一個平衡的理論基礎。也就是說，這個理論必須既能相應於佛法，又能相應於現代社會情境，讓這個教義和具體的生活世界有緊密關聯，才不致使整個佛教發展和時代脫節，而也唯有能以更開闊而富創造力的方式，再為經典注入新義，我們也才真能凝聚出新志業、新方向和新法門。

我的這一想法，促使我研讀經典、整理佛經，也是結成此次講經的具體因緣。換言之，我此次報告方式，在意義上和民初以來內學院式乃至印老的講經，都有一些本質的差別。我並無意再參與到原始佛教性格的確立這一問題意識上去，去分辨中印的差別。印老他們的問題雖亦是由時代所引發，亦確有其不朽的學術貢獻，但基本上，他們並未將教義問題凝聚為對此一時代問題的具體、有創造性的思考。這就使得佛教在肆應現代社會的快速變遷上，常顯得無能為力。因此，我此番重新詮釋《勝鬘經》，主要即試圖扣緊此一新的問題意識，期望在不違背佛陀的基本教義之下，賦予此經所開立的法門以一種嶄新的時代精神，期使行者能依此法門的運用，積極地回應時代所給予我們的挑戰，從而為佛教界開出更新的方向與志業。

當然我必須事先說明，以下的報告只代表我個人的思索，這一思索無疑是有待批判的，我也不曾期其必然正確。我以虔誠之心思索之，也願以同樣的心迎接批判。但我對前述的問題意識，則有一定程度的堅持。我相信，底下的佛教發展絕不能再「向後看」，而必須「向前看」，因此，我所期待的

批判也希望是來自於「向前看」之觀點的批判。為此，我採取了一種接近哲學式的詮釋方式，為的是希望我的語言具有一定的準確度，也為的是引來更準確的其他思考。如果說，迎接時代是我們無可逃避的責任的話，那麼，力求語言的精準也許就是我們的第一項挑戰吧！

選擇《勝鬘經》作為報告的對象，一方面當然是悟因師父的慈悲指示，另一方面也是由於我個人對此經開示的法門有種特別的親切感。不過，我也必須強調，我個人的判教觀點，並不見得認為此一法門真是一個究竟的法門。當然，此一認定並不會影響到此一法門的價值，而且，我毋寧以為此一法門更具有某些特別的「當機性」。如要證實這點，當然必須請讀者諸大德們耐心細讀下文了。

佛的慧命是永續的，但也要看後學者的努力，我以此自勉自己勿造口業，也以此祝禱於諸大德。阿彌陀佛！

頓悟之道——勝鬘經講記

目　次

攝受正法，通達究竟一乘

勝鬘夫人由攝受正法戒直接通達於究竟一乘。

他於說完十大受後就發三大願：

「於一切生，得正法智」、

「以無厭心為眾生說」、

「捨身命財，護持正法」。

這三大願事實上也只是一大願，

他的戒是攝受正法戒，

願是攝受正法願。

　　我很高興能有機會來此地報告我研讀整部《勝鬘經》的心得，在報告的伊始，我想有一些基本問題必須先做說明。首先，我以一個非修行的學院中人，坦白說是不敢班門弄斧的。其次，我也曾有幸聽聞過一些法師大德的講經，但對於他們修行式的講經方式，我自問是沒有能力的。以此，我選擇的講述方式，基本上是哲學分析式的，重在整個經文的概念和理路，這可能是各位所不熟悉的方式，但恐怕也是我唯一能派上用處的方式吧！

　　就哲學言，選擇《勝鬘經》當然有特別的意義。如用印順導師的三系說❶，這部經正是「真常唯心」系最重要的一部經典。由它所開出的法門，後來也成為如來藏系統最基本的法門，因此它的理路，乃具有特別的重要性。然而，它畢竟是一部經。佛教的經典，基本上皆是修行重於思想的，此經亦不例外，因此這部經的表達方式也是以勝鬘夫人個人的行持為出發，附帶而有種種理路的說明。這一表達方式是佛教所重視，可是基本上卻不利於我的哲學分析。為此，我的講述也不打算依照經文的次序來進行。我的重點既是在其理路上，因此，我的第一個任務便是通過經文，以嘗試理出它理路的出發點。因此之故，我想先針對這部經的結構做一次概略的掃描，以便確定我們應從何處說起。

---

❶ 印順導師是當代中國佛學界最重要的一位法師，他在評判佛教後世流傳的經論時，曾提出有名的「三系」說，也就是說大乘佛教，主要有三個系統，分別名之為「性空唯名」、「虛妄唯識」和「真常唯心」。

此經一開始，先是敘述勝鬘夫人信受佛法的過程，以及蒙佛授記的種種，這種講法當然帶著典型的佛經式之神話色彩。但從這部經所開立的法門的獨特性，說勝鬘夫人是一位具有宿世善根之行者，其實是很可相信的。不過這部分顯然和義理無關，我們就暫且略過。

其次，經文乃述及勝鬘夫人受記後，立即恭敬受戒的過程。經文說他受「十大受」，此即「於所受戒不起犯心」、「於諸尊長不起慢心」、「於諸眾生不起恚心」、「於他身色及外眾不起嫉心」、「於內外法不起慳心」、「不自為己受畜財物」、「不自為己行四攝法」、「若見孤獨幽繫疾病種種厄難困苦眾生，終不暫捨」、「若見捕養眾惡律儀及諸犯戒，終不棄捨」、「攝受正法，終不忘失」這十個戒相。

現在我們先簡單看一下這十個戒相。

照一般的說法，這十個戒相常被分為三組，此即「攝律儀戒」、「攝眾生戒」和「攝正法戒」。而一般來看，這十戒原則上和其他小乘經典所說之戒相，似乎也沒有什麼不同，但勝鬘夫人對這十戒卻有一種完全不同的處理。他在說「攝受正法，終不忘失」之後，又云：

忘失法者則忘大乘，忘大乘者則忘波羅蜜，忘波羅蜜者則不欲大乘，菩薩不決定大乘者，則不能得攝受正法欲，隨所樂入，永不堪任越凡夫地。

這也就是說，勝鬘夫人所受的十個戒相，事實上他所最看重的只是這個攝受正法戒，因為唯有此戒乃能涵攝一切戒，而決定入於大乘，至於其他戒相，也就因此而都隸屬於這一個戒相。但何以此戒能有此一作用呢？這似乎不易明白。

第一節　攝受正法是修大乘道因

順原文再看下去：勝鬘夫人由攝受正法戒直接通達於究竟一乘。他於說完十大受後就發三大願：「於一切生，得正法智」、「以無厭心為眾生說」、「捨身命財，護持正法」。這三大願事實上也只是一大願，他的戒是攝受正法戒，願是攝受正法願。他為什麼可以用「攝受正法」一個戒相來涵蓋所有的戒呢？我們可以如此想，這是因為他不是以平面的角度來看待所有的戒，而是以立體化的方式來說這戒是基本的、最高的，它包含所有的戒。為什麼知道如此呢？因為他用了如下一個很經典式、很信仰式的說明，把這個戒突顯出來。

他說攝受正法包含「法大」與「人大」兩種意思。什麼是「法大」呢？他說：「攝受正法廣大義者，則是無量，得一切佛法，攝八萬四千法門。」接著他以兩種方式來說「法大」。「世尊！攝受正法攝受正法者，無異正法，無異攝受正法，正法即是攝受正法。」「世尊！無異波羅蜜，無異攝受正法，

攝受正法即是波羅蜜。」什麼叫做「攝受正法，無異正法」？
又為什麼「攝受正法」即是波羅蜜？這似乎都不好懂。

接著他說「人大」：「攝受正法攝受正法者，無異攝受正
法，無異攝受正法者；攝受正法善男子善女人，即是攝受正
法。」為什麼攝受正法無異攝受正法者？光是這樣地說它大，
有誰會相信呢？也許有信力的人可能會當下相信，但假如你
不是由信仰角度來看的話，就會懷疑它為什麼這麼大，為什
麼「攝受正法」既是戒又是願？而且只要達到攝受正法，就
可以通達究竟一乘？這裡能不能不從信仰上，而從義理上來
做說明呢？這也就是說，經文截至這裡，它的解釋是不清楚
的，然而我們要問的是，它究竟能不能說清楚？

可是底下這部經典在這裡卻有種很飄忽的轉折，它突然
轉談如來的究竟果德，這是怎樣轉過來的？它是不是為了要
對前面的問題做一些義理上的說明呢？印順導師註解說：「上
明菩薩的因行、歸依、受戒、發願，菩薩所修行事。」也就是
說菩薩的因行是由歸依開始，而勝鬘夫人歸依、受戒且發願
了，結果他只受了一個戒，也只發了一個願。印順導師接著
又說：「今即說到如來的果德，近於法華、涅槃讚歎佛果功德，
會歸一佛乘。勝果由於修因，所以學佛的，不應以讚歎如來
果德的究竟為滿足。明果德又分二：一、一（大）乘道果，
二、大（一）乘道因。真實說來，大乘就是一乘。一乘道果，
明佛的果德。顯示究竟的果德，即為了眾生的起信修行，所
以次明大乘道因。信佛果德，發心修行，即大乘菩薩道。在

明如來果德中，點出菩薩道因，一切眾生有如來性 —— 即是
正法。一切眾生無始來攝受正法，是修大乘道因，一切眾生
由此都可成佛。」印老便以信、願、行、果，周而復始、展轉
相成的圖示來說明這一點：

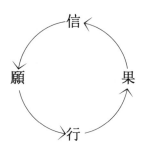

　　就整個經文結構看來，印老的說明還是有些飄忽的，對
於理解前述問題的助益恐怕不大。那麼我們能不能有更清晰
的說明？要想明白這點，我們可能就得先問為什麼勝鬘夫人
會突然轉過來說如來果德呢？原來他正是要解決攝受正法即
是正法的問題。這問題我們可以給它一個簡單的聯繫，那就
是 —— 攝受正法，即是正法，即是波羅蜜，即是攝受正法者。
因此，就義理的說明而言，整個經典在結構上，它等於是顛
倒程序，由佛的果地上來說，最後則結論：「是故，世尊！住
於大乘攝受大乘，即是住於二乘，攝受二乘、一切世間出世
間善法。」所謂「住於大乘，攝受大乘」是在解釋攝受正法，
正法指的就是以佛果為究竟的一乘法，我們只要住於一乘即
是住於二乘、攝受二乘，同時也是住於一切世間、出世間的

善法，攝受一切世間、出世間的善法，那就是人、天、聲聞、菩薩等乘，全部匯歸到如來的究竟果德。為什麼如來的究竟果德可以含受這一切？其實主張三乘究竟的人並不這樣說❷，為了對治這些以三乘究竟為宗者，於是下文便說阿羅漢（含括辟支佛）不究竟，這說法是做一個對顯，表明阿羅漢不究竟，如來才最究竟。但為什麼阿羅漢不究竟呢？下面便談到分段死、變易死、住地煩惱、起煩惱、無明住地這些問題。這些分析是告訴我們他所規定的正法是一乘法。

> 得一乘者，得阿耨多羅三藐三菩提；阿耨多羅
> 三藐三菩提者，即是涅槃界；涅槃界者，即是
> 如來法身。

依這一大段說明，此經有一個很重要的主題，它在表明阿羅漢不究竟，阿羅漢有煩惱。我們且先看一下這個問題。一般說來，小乘教都認為阿羅漢是斷了煩惱、不受後有的聖人，但勝鬘夫人卻說阿羅漢有煩惱。什麼煩惱呢？這大約可分別為二類，一是無始無明住地煩惱，以及相應無始無明住地的起煩惱，它也叫做過恆沙煩惱，天台宗稱為塵沙惑。也就是說阿羅漢仍有惑，會受變易生死❸，這當然與小乘的說

---

❷ 比如說小乘人就會主張修到四果，也就是阿羅漢果時，他便已出離生死，不再有煩惱，而不一定要到佛果才能得究竟。

❸ 關於變易生死，請見後文。

法差距很大。再回頭說，上述問題乃是從如來果德衍生出來的問題，而我們該如何了解這問題呢？底下我會有解說，現在還是先暫且粗略如此說，我們先繼續來看整部經典的結構。

第二節　如來果德是聖諦，
聖諦是如來藏

他用底下一大段經文來解釋正法就是如來果德。他先是說三乘都要歸依如來。平常我們說的歸依是歸依佛、歸依法、歸依僧，但這裡只說一歸依——歸依如來。

> 世尊！金剛喻者，是第一義智。世尊！非聲聞緣覺不斷無明住地，初聖諦智是第一義智。世尊！以無二聖諦智斷諸住地。世尊！如來應等正覺，非一切聲聞緣覺境界，不思議空智，斷一切煩惱藏。世尊！若壞一切煩惱藏究竟智，是名第一義智；初聖諦智，非究竟智，向阿耨多羅三藐三菩提智。

這都是說小乘的聖諦智不是究竟的，不足以為歸依，故唯有如來之第一義智可為眾生之歸依。然後他遂正說如來的

聖諦義。

> 世尊！聖義者，非一切聲聞緣覺，聲聞緣覺成
> 就有量功德，聲聞緣覺成就少分功德，故名之
> 為聖。聖諦者，非聲聞緣覺諦，亦非聲聞緣覺
> 功德。世尊！此諦如來應等正覺初始覺知，然
> 後為無明𣪘藏世間開現演說，是故名聖諦。
> 聖諦者，說甚深義，微細難知，非思量境界，
> 是智者所知，一切世間所不能信。何以故？此
> 說甚深如來之藏；如來藏者，是如來境界，非
> 一切聲聞緣覺所知，如來藏處說聖諦義，如來
> 藏處甚深，故說聖諦亦甚深，微細難知，非思
> 量境界，是智者所知，一切世間所不能信。

以上所說的聖諦是指斷無明住地的如來果德而言，並非指小乘人斷四住地的那個分位而言。斷無始無明住地煩惱所成就的如來果德稱為聖諦，然後他說這聖諦等於如來藏。何以如此說呢？這裡含藏著一個重大關鍵，正是要在這個關鍵上，我們才能義理式地說明攝受正法即是正法。

「藏」是什麼意思呢？印順導師說：「什麼是如來藏？依《佛性論》，這可以從：一、（所）依止藏，二、隱覆藏，三、（能）攝持藏的三義來說明。」簡略而言，如來果德即是如來的寶藏，就字面而言，它是把如來收在倉庫裡，如來的果德

就等於是收在倉庫裡的如來，它還沒有顯示出來。這其中又蘊涵什麼意義呢？我們可以看到他把這概念從果地轉變成了一個因地的概念，也就是說，聖諦是個果地的概念，但如來藏既是尚未顯示的如來，也就是指那還在因地的如來。而勝鬘經最精彩的、最富理論價值的部分就從這裡開始。

> 若於無量煩惱藏所纏如來藏不疑惑者，於出無量煩惱藏法身亦無疑惑。於說如來藏如來法身不思議佛境界，及方便說心得決定者，此則信解說二聖諦。如是難知難解者，謂說二聖諦義。

經文在這以下詳細區別兩種聖諦義，說明小乘的聖諦義是不究竟的，只有斷無明住地煩惱開顯出如來果德的如來法身的聖諦義才是究竟的。而這個聖諦義他卻轉而由因地的如來藏這個概念來說，這是什麼意思呢？如經文說：

> 世尊！非壞法故，名為苦滅，所言苦滅者，名無始無作，無起、無盡，離盡常住，自性清淨，離一切煩惱藏。世尊！過於恒沙不離不脫不異不思議佛法成就，說如來法身。
> 世尊！如是如來法身，不離煩惱藏，名如來藏。

他為什麼突然從讚歎如來的果德，翻轉來談如來藏？這

裡究竟有何玄機？

第三節　攝受正法是攝受如來藏

　　前面我們說勝鬘夫人他只有一個戒、一個願，嚴格說起來只有一種因行，這是什麼意思呢？平常我們說修行要有種種因行，任何一個法門都是修行，如撿菜時好好撿菜，掃地時好好掃地，就是一個因行，我恭恭敬敬地去做好每件事，也是一種因行。但勝鬘夫人不從這種種分別的因行上說，只強調攝受正法這一個因行，更說攝受正法就是正法，顯然這個因行是很特殊的。如果說攝受正法是因行，正法是果，那因就是果，由這裡我們就可以知道，他說聖諦等於如來藏的講法有個什麼意思呢？聖諦是果地，如來藏是因地，若從果地說，則聖諦當然只隸屬佛，我作為凡夫，聖諦自然和我無關。但我們可問，佛為何能證聖諦呢？是因為他有一些特殊的能力嗎？經文於此乃說，這並不是因為佛有特殊能力，而只是因為他能證顯那已內在於佛的如來藏。如來藏既然只是在因地，就表示如來藏不屬於某個特定的對象，如果它只屬於如來，那就完了，那麼我們都沒有機會了，如來藏不能只屬於如來，如來藏必須屬於眾生。也即是說所有眾生其實都有一個寶藏，只是收在倉庫裡，這寶藏不是誰給你的，是你自己本有的，而它的內容即是佛所證顯的一切。如果不建立

這個概念，我如何能講攝受正法即是正法呢？在這裡我們乃看出了經文轉向說明如來果德所蘊涵的深義。以下經文復云：

> 世尊！如來藏智，是如來空智，⋯⋯世尊！有
> 二種如來藏空智，世尊！空如來藏，若離若脫
> 若異一切煩惱藏；世尊！不空如來藏，過於恒
> 沙不離不脫不異不思議佛法。

　　經文從如來藏又分析出空如來藏與不空如來藏兩個意義，所謂空如來藏指的是如來法身，不空如來藏指的是如來的種種稱性功德，也就是說收在倉庫裡的東西等於如來所證顯的一切，不只是個清淨的身，同時包括如來的一切清淨行。說這意思，為的是表明原來眾生內在本已具足了一切如來的清淨行，只是眾生還不曾證顯它而已，這就使我們能夠明瞭何以攝受正法即是波羅蜜。

　　為什麼攝受正法即是波羅蜜？原來六度萬行通通是如來功德，但因著如來藏的觀念，讓我們明白了這些功德早已內在於眾生心中，所以只要攝受正法，也就是攝受如來藏就可得六度萬行，就可以見佛的一切清淨功德。

　　同樣的道理，我們也就可以明白為什麼攝受正法即是攝受正法者。因為攝受正法一定是由一個攝受正法者在承擔，這個攝受正法者不只是佛，而是所有眾生，這是遍及一切眾生的法門，並沒有任何特定的對象，因為這聖諦等於如來藏，

而如來之藏內在於一切眾生。根據這個意思，才可以說一切眾生都可以成佛，即使是一闡提也可以成佛，因為一切眾生內含著如來藏性，所以攝受正法事實上就是攝受如來藏。

到目前為止，我們可以看到這整部經典的大體結構是勝鬘夫人提出自己的因行及為什麼可以建立這法門的原因，他把其他零碎的事相都丟掉了，最後只歸到攝受正法，然後才說這個法門為什麼具有這麼大的威力，因為只有這個法門才可以通達如來果德。為什麼？我們可以看到最重要的一個概念就是──聖諦等於如來藏。

所以，我們常說《勝鬘經》在如來藏系統裡是部關鍵性的經典，是他建立這個概念後，才能了解為什麼說攝受正法這個法門可以具有這麼大的威力。這是這部經典的整個結構。了解這部經典的結構，就能知道如果想要用一種理論性的方式來了解它，便不可以按照它原來的順序，而要把它倒著來看，先了解如來果德，再探究為什麼這果德等於如來藏，如來藏的內容究竟是什麼，然後才能知道為什麼可把如來藏這概念視為一個法門。在理論上必須做這樣一個轉折，就是從果講到因，先明如來果德。然後才可能把這部經典的整個思路重新恢復起來，否則如果順著這部經典往下看，就會不知道這法門為什麼會具有那麼大的威力了。以下我就要顛倒這部經典的程序，從對煩惱的分析開始來講如來的果德，再來說明如來藏的概念，這法門就會顯現出來，我們就可以懂得大乘法門修行的方法是什麼？這法門可不可以具體做功夫？如何去做？

阿羅漢的煩惱

阿羅漢獲得他自己構想出來的自由度，
但這自由度始終面臨一個危機……，
此時他會不會有怖畏？
阿羅漢的怖畏不是來自於他主觀的修證上還有執著，
而是他無法斷除那些自己找上門來的牽纏……。

第一節　阿羅漢有怖畏

上一講我們原則性地說明了《勝鬘經》的結構，為了說明的方便，以下我不是以經典的發展程序，而是以概念的發展程序來處理經文，先從如來究竟會三乘這部分開始。

> 阿羅漢歸依於佛，阿羅漢有恐怖，何以故？阿羅漢於一切無行怖畏想住，如人執劍欲來害己，是故阿羅漢無究竟樂。何以故？世尊！依不求依，如眾生無依，彼彼恐怖，以恐怖故，則求歸依。如阿羅漢有怖畏，以怖畏故，依於如來。

這段經文是說阿羅漢也要有所歸依，阿羅漢並不是究竟的歸依處，這似乎是個共識，但他與小乘經典裡所說阿羅漢也歸依佛的意義可能不太相同。這裡要提出來的一個概念就是——阿羅漢有恐怖，這個概念是很值得注意的。

> 世尊！阿羅漢辟支佛有怖畏，是故阿羅漢辟支佛，有餘生法不盡故有生；有餘梵行不成故不純；事不究竟故當有所作；不度彼故當有所斷。

以不斷故，去涅槃界遠。

　　一般在小乘經典上看到阿羅漢是「我生已盡，梵行已立，所作已辦，不受後有」，可是這裡說阿羅漢有怖畏，所以「我生已盡」，盡的只是有餘的生命，「梵行已立」，立的只是有餘的梵行，這表示阿羅漢所達到的是有餘的境界，而非無餘的境界，所以距離涅槃還很遙遠，這是從怖畏這點來說明阿羅漢的不究竟。

　　　　何以故？惟有如來應等正覺得般涅槃，成就一
　　　　切功德故；阿羅漢、辟支佛不成就一切功德，
　　　　言得涅槃者，是佛方便，唯有如來得般涅槃，
　　　　成就無量功德故；阿羅漢、辟支佛成就有量功
　　　　德，言得涅槃者，是佛方便。惟有如來得般涅
　　　　槃，成就不可思議功德故；阿羅漢辟支佛成就
　　　　思議功德，言得涅槃者，是佛方便。惟有如來
　　　　得般涅槃，一切所應斷過皆悉斷滅，成就第一
　　　　清淨故；阿羅漢、辟支佛有餘過非第一清淨，
　　　　言得涅槃者，是佛方便。

　　其中佛的「成就一切功德」、「成就無量功德」、「成就不可思議功德」、「成就第一清淨功德」，都是對比著阿羅漢因為有怖畏，所以他所成就的都不是就無量、不可思議、第一清

淨功德而說。因此，小乘說阿羅漢灰身滅智，能得涅槃，其實只是方便說法，其關鍵乃在他有怖畏。

　　唯有如來得般涅槃，為一切眾生之所瞻仰，出
　　過阿羅漢辟支佛菩薩境界，是故阿羅漢辟支佛，
　　去涅槃界遠。

　　只因怖畏，阿羅漢遂「去涅槃界遠」。然則我們應如何理解這個怖畏？

第二節　阿羅漢為何有怖畏

　　為什麼說阿羅漢有怖畏呢？印順導師在註解裡提到佛在王舍城時，提婆達多放醉象害佛，阿羅漢們都慌亂逃散。雖引經典為證，但我們還是不懂阿羅漢為什麼會有怖畏。那麼，要從什麼地方去思考阿羅漢有怖畏這個問題呢？首先要了解的是阿羅漢成就什麼，阿羅漢以什麼方式成就他的境界，如果不了解這些，我們便不知道如何了解阿羅漢的怖畏，難道它只是在說明大乘與小乘的衝突而已嗎？還是其中確有一些客觀的問題？這問題我想必須要做一個系統化的了解。

第一項　由三法印、四諦看阿羅漢的
證悟方式

　　我們都知道阿羅漢是聲聞乘的四果，他在修證的過程中所面對的問題是什麼？一般說小乘人證空、灰身滅智，這必須從小乘的思路來探討。如從三法印、四諦❶的立場上來看，阿羅漢證的是什麼呢？我們都曉得佛的根本智慧大體上是從「無自性」的概念為出發點，緣起性空故法無自性，緣起等於性空，性空就等於緣起，如 A 緣起於 B，世界都在緣起當中，那 B 本身也必然套在一個緣起當中，也就是說沒有任何一個東西可以成為一個自己，永遠停在那兒不變，它永遠必須在緣起當中繼續下去。所以，緣起等於性空，在這個基本概念下證空，於是出現涅槃寂靜的說法，如實地觀照世間的一切行業無常，觀照世間法的無自性，如實觀照而不加以執著，這就是涅槃寂靜。

　　若從四諦的立場來看，因為我不能如實地證知世間諸行無常，而產生執著，於是有苦諦、集諦，必須透過道諦的修行才能進入寂靜的涅槃，原始佛教的講法大概是在這樣的思路裡。小乘人便是希望能如實觀照世間法，而不要對世間的

---

❶ 三法印和四諦乃是釋迦牟尼佛對世間萬法的真相的一種表述，也就是他所參悟到的萬法的智慧所在。三法印是指「諸行無常，諸法無我，涅槃寂靜」，四諦是指「苦、集、道、滅」。

一切產生執著，這樣對涅槃的理解過程其實是存在於一種「人法相對」的結構裡，所以我們會看到原始佛教以後出現很多有關「我空」與「法空」的爭論。這樣一種理解問題的結構是預設著人法相對的。今天我做為一個修行者，面對世間的萬法，我把自己暫時隔離一下而去觀照法，彷彿這個法可以從我身上拉出一般，色法是我所對的外境，心法是我向內觀的心境，可以想像小乘觀照「法」是在這樣「人」與「法」暫且破裂的結構當中去進行的，如果他能以如實的態度去觀照這一切的「法」，能不再受「法」的牽制，而滾在諸法的生死輪迴當中時，他就說「我生已盡，不受後有」。於是彷彿他可以從「法」當中跳出來，本來他採取的是一種暫時割裂的態度，但最後這種割裂的態度變成一種永久的態度——我不再受到諸法的牽制。當他不再受到一切牽制時，他便進入灰身滅智的狀態，而在這過程裡獲得了一種自由。

　　我們可從另一種角度來看這種想法，如以僧人與俗人這兩個概念為例來說，僧俗二眾的區別在哪裡？我認為這多半只是一種主觀上的區別，你自認為是僧人，但客觀上來看，在今天這樣的時代裡，僧俗有什麼區別？今天各位能獲得做為僧人完整的自由空間嗎？沒有任何俗事糾纏到你的身上來嗎？連最簡單、最俗不過的開門七件事，各位一樣要面對，我在家要做的事情，今天在僧團裡一樣要做。再往大的範圍來看，各位能夠脫開臺灣社會的大環境嗎？以前的僧團叢林，王法都到不了，可能會有比較完整的自由空間，但我想今天

各位大概都不能離開王法！換句話說，你套在一個政治、經濟的結構裡。由於這時代的變化，各位做為僧人與我做為俗人，我們之間的分界點其實非常小，甚至只小到你我主觀的認定而已，還有外在衣式及有無剃髮等等的形式上的差別而已。其他並無差別，為什麼呢？因為各位並無完整的只屬於僧團的自由空間。

第二項　阿羅漢得有限度的自由

以這樣的思路來看這問題，如果小乘人是建立在「人法相對」這基本的思維結構當中，那麼這樣的思維結構能不能經得起考驗？也就是今天做為一位行者，我有屬於行者完全的自由空間嗎？可以與世間法隔離嗎？從這角度去想，小乘的修行方法是建立在如下這個基本的假定之下：就是只要以一種無執著的心去面對世間的一切，讓它如實地呈現，我就獲得了自由。可是無論如何，這個自由是建立在「人法相對」的前提之上，然則堅持這個前提，算不算一種執著呢？這且不說。但我們事實上看到，現實裡想堅持「人法相對」，想把「法」推出去成為一個純粹客觀的對象，這樣的想法恐怕根本就是不切實際的期望。這就如同僧俗的區隔是我主觀上的願望，可是事實上它並不存在一般。

各位都曉得在中國佛教史上曾出現過沙門是否要禮拜國王的爭辯，事實上這背後埋藏著一個很重要的問題，那就是

今天僧團與俗世的政治力之間該有著怎樣的關係？這關係可不可能擴張到讓僧團變成一個完全獨立的世界？把這問題普遍化來思考，今天我身為一個人可不可能完全離群索居，而能讓自己擁有完全的自由度？這件事恐怕永遠只是理想的期望。小乘的教理基本上是建立在這樣一個理想的期望上，阿羅漢想自己在現實的世間受到種種牽纏而滾在生死輪迴中，處處不得自在，於是發願要一腳踏出三界外，要割斷這種種煩惱。要如何才能讓煩惱不起呢？阿羅漢就很簡單地想與煩惱拉開關係，以一個我自在的方式獲得自在，小乘採取的態度大概是讓自己隔離一下，假想有個「我」，有個外在，只要「我」不受牽纏就好了，但這是理想的想像，人事的糾纏不是你主觀想拉開就能如願的，你想要離群索居，別人卻要把你拖下水，種種紛擾仍會纏上，這是世間的實相。

　　我們從這裡來想阿羅漢有怖畏這個問題，阿羅漢以為自己是清淨了，他的清淨是在怎樣的狀況之下呢？那就是在把法暫時地推出去的結構裡，而說獲得了自由，但這自由恐怕是主觀性比較強的自由，我們如果仔細檢討它背後的結構的話，就會發現這是建立在理想期望上的一種處理態度，事實上沒有一個現實的人可以真正站在「人」與「法」相對的結構裡。阿羅漢獲得他自己構想出來的自由度，可是這自由度始終面臨一個危險，那就是他不去惹別人，別人自然會來惹他，不是別人故意來惹他，而是每個人其實都套在一個網絡中，無法掙開，今天就算各位能自主地出家，也只不過掙脫

了其中一個小網絡而已，理論上你永遠掙不脫做為一個人的網絡。我們在外面與很多朋友交往，這朋友能交則交，不能交就一刀兩斷，這網絡隨時可斷，有些關係我們可以擁有自我操控的能力，可是有些關係一開始便命定地沒有這些自由度。

事實上，這世界不存在著任何山巔水涯，可以將與這世界的其他網絡關係完全斬斷。所以阿羅漢儘管可以在主觀的層面上，不讓這些事情糾纏上來，以一個無執著的心得到自在，但這自在本身是脆弱的。如弘一大師這麼一位了不起的男子漢，毅然割捨一切出家，出家後雲遊四海，到處行腳，持戒精嚴，以律師的身分出現。他真的無所糾纏，不曾被他的時代所困了嗎？我想那些紛至沓來的時代紛擾，不可能與他無關，這不是你想甩就甩得掉的，這是個很現實的問題。我們今天捲在這個網絡當中，有些可以斬斷，有些根本不可能斬斷。也可以說這是人生問題，這不是可以憑我一個主觀的想像，要跳出來就可以完全跳出來的。

所以，每個人大體上都只能擁有一個有限的自由度而已，從來沒有哪個人可以擁有無限的自由度。雖然我們可以採取主觀的態度來克服很多限制，可是它存在的結構性因素，讓你不可能完全跳脫這一切的網絡。如果你想要完全脫開這網絡，最後只會把自己逼到山巔水涯。因為你會發現到只有想盡一切辦法躲到魯賓遜的荒島上去，才可能有機會不受到這一切外在牽絆的追擊。可是魯賓遜的方法在這時代根本不存

在，也許我像歐納西斯❷那麼有錢，到南太平洋上去買一座小島隱居。可是現在科技那麼發達，衛星就在地球上空巡邏，還有哪裡可以躲藏？這是個現實的問題。人生不可能存在這樣理想的想望。如果我們心裡存在這樣的主觀想望，並以無執著的心來面對一切，於是我們可在自我建築起來的城堡裡，維持絕對的自由度。可是當外在的追逐硬是打破城堡時，我們會不會有恐怖？我們要談阿羅漢的怖畏，就要從這問題裡去找答案。

第三節　阿羅漢是自了漢

我們平時說阿羅漢是個自了漢。什麼叫「自了」？「了」是了斷種種煩惱的牽絆。他如何了斷呢？那就是把自己圈定在一個主觀構築的城堡中，再以自己的主觀了斷這一切，但這世間是那麼容易只憑主觀就能任意了斷一切的嗎？舉例來說，我的好朋友全家移民到美國去，我很難過而生煩惱，但我能如實地觀照而了解天下無不散的筵席，就可以斷掉這煩惱而擁有自由度。可是比如說人在俗世間，尤其是中國人的社會，有一個問題最麻煩，每個人都喜歡講別人閒話，看別人是非，隨時隨地都有人窺視，大家都糾纏在這煩惱網中。

西方當代的大哲學家海德格(M. Heidegger)就說，人與人

❷ 歐納西斯為已故的希臘船王，三十年前為世界首富。

之間相互窺視是每個人存在的一種最基本的困境。這是個存在的實相，這種窺視沒什麼道理，但每個人都捲在這煩惱網當中。你可以透過自己主觀的觀照，了解窺視沒有道理，而不受這個煩惱的干擾，但世俗的糾纏絕對如影隨形地跟著你，你可以自了而無所怖畏，但你無法斬斷這條網絡。有些東西你可以擁有自由度，有些東西不可能擁有自由度，你會發現人有個很基本的存在困境。

　　小乘人在解脫煩惱的過程中，他面對煩惱的方式是建立在一種主觀期望的結構上，小乘人的怖畏就從這裡產生。不是說他個人在主觀上還受到由自己心識裡所發出來的煩惱糾纏，而是世間有很多問題，若只以無所執著的態度面對顯然不能解決問題，所以我們說小乘人是自了漢。他只能處理自己的問題，而無法對眾生有所觀照。因為從他基本的設定上就是他拉開了與人的關係。如果這世界真的如老子所說的小國寡民、雞犬相聞，但老死不相往來，那這個辦法就夠了。可是這世界根本不是這樣，過去不曾有，未來也不會有。

　　所以，阿羅漢的怖畏不是來自於他主觀的修證上還有什麼執著，而是他無法斷除那些自己找上門來的牽纏。這裡顯現出一個很重要的問題，小乘教義與大乘教義所發生的衝突不是一種兩者平面相衝突的問題，而是大乘的觀法其實已注意到小乘的觀法中存在結構性的困難。　原則上說是來自於「我」與「法」不能形成相對理解的結構，我必須把自己當成是整個「法」，是色心種種現象萬法網絡中的一分子來看待，

扭轉這樣一個觀察點之後，會產生種種觀法上的問題。各位先理解這樣的結構，在下面講煩惱時，我們會再用這個結構分析煩惱。

以下再回到經文上。經文進一步根據對煩惱的分析，來解析所謂的阿羅漢有怖畏。

第四節　阿羅漢有變易生死

> 何以故？有二種死，何等為二？謂分段死，不思議變易死。分段死者，謂虛偽眾生。不思議變易死者，謂阿羅漢、辟支佛、大力菩薩意生身，乃至究竟無上菩提。

這裡提出一個蠻難了解的「變易生死」的概念。「分段生死」很容易了解。每個人都有一期生命，受到前世業力的牽引，今生仍在造業，這些業也控制著我們的下一生，我們總在生死流轉當中，所以「分段死者，謂虛偽眾生」。分段死，很清楚是個時間的概念，而變易死是不是一個時間的概念呢？印順導師說變易生死沒有分段的生滅相，它前後相續、無分段、剎那不住、生滅變化。但這些話該如何了解呢？其實變易死是根據分段死而構造出來的概念，它並不去表達任何時間性的概念，而著重在生死是怎麼形成的。依照佛教的分析，生死是最根本的煩惱所在。這問題其實就是在追問煩惱是怎

麼形成的。

　　一般說由於我執無常為常，產生顛倒見而造成煩惱，而阿羅漢可以處理生死，就是他不再執無常為常，所以他沒有煩惱。但是這裡卻說：「不思議變易死者，謂阿羅漢、辟支佛、大力菩薩意生身」。這意思也就是說阿羅漢可以斷煩惱，但這斷法不徹底、不究竟，阿羅漢依然有一種生死——變易生死。所以要了解變易生死就必須要了解阿羅漢所有的煩惱是什麼？且連菩薩也在變易生死當中，要到究竟無上菩提才能斷除這煩惱。那麼如何理解這個生死呢？

　　　　二種死中，以分段死故，說阿羅漢、辟支佛智
　　　　我生已盡；得有餘果證故，說梵行已立；凡夫
　　　　人天所不能辦，七種學人先所未作，虛偽煩惱
　　　　斷故，說所作已辦；阿羅漢、辟支佛所斷煩惱，
　　　　更不能受後有故，說不受後有。

　　這裡很明顯地說阿羅漢所斷的是分段生死，並不能夠斷一切的煩惱。然則何謂阿羅漢的煩惱？

第五節　阿羅漢的煩惱

　　　　非盡一切煩惱，亦非盡一切受生，故說不受後

有。何以故？有煩惱，是阿羅漢、辟支佛所不
能斷。

煩惱有二種，何等為二？謂住地煩惱及起煩惱。
住地煩惱有四種，何等為四？謂見一處住地，
欲愛住地，色愛住地，有愛住地。此四種住地，
生一切起煩惱，起者剎那心剎那相應。世尊！
心不相應無始無明住地。

這裡涉及了一些概念，必須先做解釋。

第一項　迷事與迷理的起煩惱

住地煩惱連繫著起煩惱。起煩惱一般是指我們在現實生
活當中起現的種種煩惱相。由於每個人的個性不同，所起現
的煩惱也不同。佛教分析煩惱的方法大概是這兩種 —— 即住
地煩惱與起煩惱。天台宗的分析與此類似，其中類似於起煩
惱的有所謂見、思二惑。見惑是迷理之惑，思惑是指修行上
的迷事之惑，所有的見、思惑都是這些起煩惱。這起煩惱有
各種不同的分析方法，有分析成一百多種，也有八十八種，
但它們都可以歸納到兩個源頭：一個稱之為「知」，是來自於
知見上的煩惱，就是由「見一處住地」所起現的煩惱，也就
是我們在進行思維性活動時會產生種種的煩惱。另外一類的
起煩惱，可分成三類型，就是欲界、色界、無色界的煩惱。

這三界煩惱的源頭分別來自三種不同的力量。

　　一般說來，欲界的煩惱有兩大類，一類是來自於食的煩惱，另一類是來自於淫的煩惱。這種說法有點類似中國古典裡說的「食色，性也」。食、色本身並不會構成煩惱，它是人生理的基本需要，但它會是煩惱的來源。如今天我去思考問題並不一定會構成煩惱，但隨著思考的活動會起現很多煩惱。同理，我們都得吃東西以維生，而「吃」本身並不一定有煩惱，但隨著「吃」這件事，會起現很多煩惱。世間有太多的紛爭便發生在這件事上。

　　色界指的是我能看得見的這一切。看見好東西我就想要，隨著想要的欲望，就會起現種種煩惱，我看見這些東西本身並不一定會起煩惱，但它是勾起煩惱的一個源頭。因為在這件事上起了執著，而產生起煩惱。如果我對關切的東西不起執著，也就不會產生煩惱。

　　無色界相當於人在精神層面的需要，它也不一定構成煩惱，但它會衍生煩惱。如因為害怕而渴望安全，世間無數的煩惱都從這裡產生。以前我讀海德格的著作，看他用一大堆形容詞來形容各種層次的害怕：他說人的害怕有很多層次，如看到一隻蟑螂的害怕；還有一種無邊的恐懼，那是不必有任何對象的害怕；或我走在暗巷裡，怕後面有鬼；或剛聽完鬼故事，走在路上都覺得冷颼颼的，這是無邊的恐懼。因有各種各樣的恐懼，人便需要安全感，這是精神上的需要。以當代著名的心理學家馬斯洛的理論來說，我渴望尊嚴感，這

也是一種精神上的需要。當你無法獲得尊嚴及肯定時，就會產生煩惱。

舉個例來說，現代的中國人常有些很奇特的反應，如前些年在大陸上有卷錄影帶叫做「河殤」，它一開頭就說中國有人游泳橫渡長江、黃河，這事情不得了，是中國人的光榮。又如王瀚的海泳隊去橫渡直布羅陀海峽，真是了不得，外國人辦得到，中國人也同樣辦得到。

「河殤」的開頭在傳達什麼訊息呢？那就是中國人在這個時代承受著太多的屈辱，於是造成我們對自己的民族缺乏自信，經常要靠這些東西武裝自己，而這些武裝其實在明眼人看來，只是十足暴露了我們民族心理的自卑。今天有個人游過直布羅陀海峽，其實只代表他個人體力很好，游泳技術很好而已，但是我們給他的標籤卻是代表我們整個民族的尊嚴。說起來是很荒唐、可笑的。

其中，你可以看到世間的一種煩惱相，根據這種方式可去推想有多少種煩惱相。這世間有太多太多的問題，如前些年立法院裡一天到晚打架，絕大部分的打架只是為名為利。當時有位立法委員為了「名」拿刀刺自己，以證明自己的清白。但清者自清，濁者自濁，刺那幾刀能證明什麼？由這些例子，我們便可以了解住地煩惱與起煩惱的分別。從最低層次的生理需要到達最高層次的精神需要，都會產生煩惱，這就是「起煩惱」。相對於起煩惱，住地煩惱沒有煩惱相，它是心不相應的❸，但它卻是所有煩惱相的來源，是由我身上衍

生的煩惱相的來源。

　　每個人煩惱的方式不同，一般說財、色、名、食、睡。如以我個人為例，我的大毛病就是貪睡。如果我要當個修行人，頭一個要克服的大概就是睡魔吧！而在這世俗中，每個人的個性不同，會現起的煩惱相當然也不同，我的煩惱也不能類推到你身上。所以在修行上，對你有用的法門不一定對我有用，因為你與我煩惱的取向不同。這裡所說的四住煩惱及與四住煩惱相應而起現的起煩惱，都是相應於特定的主體而言，而且關連這主體在分段生死中表現的狀態。儘管煩惱這麼多，可是論起程度每個人都不相同。起煩惱與心相應，它現起一種煩惱相。如我現在生氣，臉紅脖子粗就是個煩惱相。

第二項　無始無明住地煩惱是結構性煩惱

　　經文接著又說：「世尊！心不相應無始無明住地。」什麼是「無始無明住地」呢？在前面所說的所有住地煩惱都是心不相應的，都相應於特定的主體，在某個特定的時空段落中，有特定的表現型態。但生命是個無始無終的長流，我們的一期生命只是其中的一段。在一段生命裡，我勤修三學讓煩惱相不起，修到四禪定出離生死，不再被特定主體、特定時空

------

❸ 所謂心不相應的意思，是說這個煩惱它是內在於心靈中，但它並不會相應地表現於具體的行為之中。

中的起煩惱控制，能連帶地斷除帶我到這期生命當中來的一切業緣，然後在這個立場上說「不受後有」，也就是我未來生命不再於煩惱當中輪迴。

可是生命現象只是這樣單一的向度嗎？前面我們說每個生命事實上是不可以這麼乾淨俐落地切斷開來的，而是在一個無邊無際的網當中。也就是看待生命時，不能只看待這孤伶伶的一條線。我們很容易把每個人的生命只看成一條線，我的命是我的，你的命是你的，我的命跟你的命不相干，但真的是不相干嗎？

每個生命其實都是一張網，別的生命也同樣被阻隔在這一張網當中，如果沒有這點認識，我們就很難理解無始無明住地煩惱的來源。因為生命如果能如一條線孤伶伶地抽出來看，那麼我生命的煩惱在四住煩惱中已分析光了。佛教的這種分析相當精密，即使在今天最好的個體心理學的領域裡，它的分析也不過如此而已。

但若換個角度來看，問題在於如果你把生命做抽離式的分析，就有一大堆煩惱不會被分析出來。如果以我個人的角度來說，我可以用種種方式分析從我身上現起的煩惱相，可是在這萬法結構中我只是其中的一個點，我的煩惱來源不會只來自於我這個生命的單一向度，還包括由我的生命所牽聯及的這整個網所匯集的煩惱，這煩惱就無邊無際了。

這就有如心理學從十九世紀發展到二十世紀，從個體心理學發展到完型心理學的一種發展類似，它基本的假設是我

們所有心理現象的表現是一個整體，你不可能切開來，必須注意到彼此間交互影響的過程，把它看成一個完型。你不能單純地只挑我某種心理現象來分析，這種心理現象是在我整個人的結構裡表現，你必須把我這個人當成是個結構體。根據這樣的思維，我們可以知道這世間的煩惱不是每個個體煩惱的總和。世間的煩惱是網狀的，個體的煩惱只是當中某些單一的向度而已，而當這些向度彼此交碰在一起時，它所衍生出來的是結構性的煩惱，它不可能透過任何單一分析而獲得。這結構性的煩惱來自於什麼地方呢？其實它無所不在，有任何一種結構，就有任何一種結構的煩惱。

但這種煩惱要不要解決？小乘人在特殊設定的前提下，可以不去解決，但當打破這樣的理解結構後，就產生了無始無明住地煩惱，它不是來自某個個體的煩惱，而是來自於一無始而來的無明大網，個體只是在網裡佔著某個特殊的地位而已。這煩惱有多少？答案是無量無邊，所以天台宗把它稱為塵沙惑。

人世間結構性的煩惱有多少種？譬如家庭的煩惱有種種結構性的因素，如經濟性、社會性的問題，沒有哪一個家庭是孤立的。就像我的孩子現在才剛上小學不久，但在臺灣這個教育體系，我不知道要把他送到哪個學校去。他將來要進社會，這社會有結構性的因素，他要在這特殊的政治時空裡過活，我現在已經開始煩惱了。

　　有時很後悔自己為什麼要來到世間，這個政治時空讓我覺得非常無奈。今天臺灣的政治當然有人為的不如理，同時它也存在著結構性的因素。有很多問題不是我個人如理就好了的，它會牽涉到政治、經濟、教育、社會、文化等問題，這些不單純只是心理學的分析而已，但這是人生煩惱的實相。我們要看到人世間存在著這一個類型的煩惱，不是關起門來修行就能解決這些煩惱。我要怎麼辦？我要直接投入每個結構性的問題去，不能只用心理學，更要以政治學、經濟學、社會學去分析。從這裡可以看到，當我們換一個方式來理解人的煩惱時，一種心理式的分析是不夠用的。人與人會發生問題的地方，有時不是來自於我的不如理，而是來自於立場的不同。

　　所以勝鬘夫人一直強調無始無明住地所引生的力量大過一切，中國人的思維常常流於單一向度，如認為救人要救心。當然這世間很多問題出在人的心術不正，可是如果走出去解決社會問題時，便會發現光救心是沒有用的，因我們無法救制度。當問題進入到無始無明住地時，我們會看到佛教可能有非常大的開展性，因為佛教可以從心理學的領域解放出來，進入到很多其他的知識性領域去。

　　首先我們要知道，人世間的煩惱不是只有這四住煩惱；另外的一種來自於結構性的煩惱，稱為「無始無明住地」。「住地」就是種種社會的結構，是每個人所處的那個網絡本身，

它衍生無窮盡的塵沙煩惱。所以在這裡提出無明住地的概念，
有非常重要的價值。❹

---

❹ 我必須特別說明，將「無始無明住地」理解為結構性的煩惱，乃是我個
　人的哲學性詮釋。就經論而言，古代的祖師大德並沒有如此的說法，照
　古德的詮釋，他們常只是說無始無明是一切煩惱之源，而它自然是心不
　相應的。為此，即將「無始無明」進一步形成一種「住地」的概念。然
　而我以為，光是如此說「無始無明住地」，並不足以使我們了解何以要
　形成此一概念。作為一個經典的詮釋者，當然不能只是囫圇吞棗，因此
　我乃有必要為它進行一種較開闊的哲學詮釋，以顯發它的各種可能性，
　是以雖然如此說法，確有越乎傳統說法之處，但尚請諸位讀者勿以辭害
　意。當然，我亦須對我的詮釋負起責任，並靜待識者之指教批評。

無始無明住地煩惱力量最大

大乘有「地獄不空誓不成佛」的精神，

永遠以眾生問題的解決為自己問題的解決。

就可知大乘的問題是要從無明住地上來解決，

唯有解決無明住地煩惱才能進入佛智。

無明住地是指群體性的煩惱，

菩薩若能發揚公德，

積極促進法治社會的完成，

就能解決不少塵沙惑，

但這至多只能解決群體煩惱的表相，

至於無明住地的根，

只有佛才能斷⋯⋯

第一節　無明住地力最大

依上講所說，勝鬘夫人把整個煩惱的分析，深入到一個非心理學的領域，而這代表著大乘境界的一種突破。所以他說：

> 世尊！此四住地力，一切上煩惱依種，比無明住地，算數譬喻所不能及。世尊！如是無明住地力，於有愛數四住地，無明住地其力最大。

因為解決一個人的問題容易，解決結構性的問題困難。比如說臺灣今天所面臨的問題，絕對不單純是人心的問題，而是我們沒有了結構。中國本來是很有結構的，但傳統的結構在一百年前就毀了，這幾十年來，中國都在尋找結構，結果在大陸上尋找出共產主義的結構，在臺灣尋找出了表面上叫三民主義的結構。

以臺灣來說，你會看到眼前有結構性的大問題。我們的政治結構不健全，所以修憲修得亂七八糟；經濟結構不健全，所以有「鴻福」之類的空頭公司引發的金融風暴乃至如近兩年來的不景氣、銀行呆帳和資金外流；教育結構不健全，所

以森林小學的校長會被告上法院。當在分析這些問題時，能
不能只是簡單地分析到是因為這結構裡的每個人的心都壞了
呢？我相信每個結構裡都有好人，臺灣今天沒有正直的檢察
官、法官嗎？我不相信！沒有正直的政治人物嗎？我也不相
信！沒有教育家嗎？也絕對有！可是他們都無能為力。難道
這只是獨木難支大廈的問題嗎？也不是！這只能說它是個結
構性的問題，不是你走進這些人的心，然後把心救起來就好
了的問題。

　　從這裡可以看到一個不合理的結構，會讓很多有心人都
有無力感，所以他說無明住地的力量最大。事實上，在人群
中，結構性的因素其實大過於所有個別性的因素。他又說：
「阿羅漢、辟支佛智所不能斷。」因為阿羅漢、辟支佛智所斷
的只是來自於個體所關切的東西，從來沒有進入結構性的因
素裡去考慮，他的智慧不足以面對任何結構性的問題。

　　所以，他說：「唯如來菩提智之所能斷。」也就是說如來
菩提智所要面對的不只是個體性的問題，而是所有眾生的問
題。所有眾生的問題並不等於每個眾生問題的總合，它不是
加減乘除就能表現的了，而是可能要用微積分及矩陣等繁雜
的數學方式來表現，是個很複雜的結構性問題。他又說：「如
是，世尊！無明住地最為大力。」天台宗說菩薩具有道種智，
要解決的是塵沙惑，所以菩薩要修一切世間學問，因他面對
的不只是個體的人心問題而已。

　　佛教對於煩惱的分析，從四住擴展到五住時，在了解世

間上已有很大的突破。如果我們不能有相應於如此格局的突破的話，也許就不能說是在修大乘行。因為大乘行的意義，就在於是否能面對無明住地。只有大乘行能包括小乘行，小乘行無法包括大乘行。在這個結構性的問題裡，每個個別人心的問題也是結構性問題的一種，但它只是一種而已。所以從小乘發展到大乘，我們要了解有這樣的一種開展，除非能正視這樣的開展，否則我們就無法懂得大乘法門。

有人曾感歎說：「中國的佛教界，經常是有大乘之名，而行小乘之行。」這問題在哪裡？因為我們都只迎戰每個人的個體煩惱，從來不曾迎戰過人的群體煩惱。這樣的態度當然是不夠的。「無明住地」這個概念的建立是這部經典最重要的第一個概念。唯有解決無明住地煩惱才能進入佛智，而這佛智可以含括小乘的智慧，小乘的智慧卻無法進入佛的智慧裡，所以說如來的果德就從克服這個無明住地開始。

從這個概念我也可以來談大小乘的區別。小乘人大體上是自了的，只解決自己的問題，而大乘的精神是要聯繫著眾生的問題一起解決的，有地獄不空誓不成佛的精神，也就是永遠以眾生問題的解決為自己問題的解決。

當他在解決眾生煩惱時，就把眾生與自己視為一體，從這個角度來理解無明住地，就可知道大乘的問題是要從無明住地上來解決，且這無明住地可以含括四住地煩惱。把眾生視為一個整體來看大小乘問題，它所面對的煩惱相是不同的，如果只把自己限制在解決個體的問題，就算解決得再徹底，

仍然滾在生死當中。

　　舉個例子來說，前幾年報紙上常有一個熱門話題，是有關英國查理王子與黛安娜王妃的婚姻問題，這問題真的只是他們兩個人的問題所造成的嗎？當然不是！這婚姻從一開始就出現了問題。為什麼？因為查理王子已不是一個個人，而是一個王儲，他的一切暴露在全英國人的視野之下，甚至是在全世界的視野之下，所以這椿婚姻本質上與世間任何夫妻的婚姻不同，它要維繫下去，簡直是件很困難的事。因為伴隨著他的地位，婚姻被客觀化了。

　　就如同歷朝歷代皇帝很難教出好兒子，因為他天生的身分就不只是父子的身分，而是被客觀化了。又如日本的天皇制度，皇儲生下來後立刻由天皇指定一個大臣抱去撫養，這孩子天生註定不能享受親情，這是因為來自於他地位的原罪。我們都以為生在帝王家是多麼風光，可是事實上，由於他本身地位的客觀化，造成他必須有所犧牲。這是個群體的問題，不是哪一個個體的問題。這就說明了我們必須要跨進一層，來了解世間的煩惱。

第二節　阿羅漢與菩薩緣無明住地招感生死

　　照如上的理解，我們再進而看下一段經文：

世尊！又如取緣，有漏業因，而生三有，如是
無明住地緣，無漏業因，生阿羅漢辟支佛大力
菩薩三種意生身。此三地、彼三種意生身生，
及無漏業生，依無明住地，有緣非無緣，是故
三種意生身及無漏業，緣無明住地。世尊！如
是有愛住地數四住地，不與無明住地業同；無
明住地異離四住地，佛地所斷，佛菩提智所斷。

　　這是說兩種招感生死的方式。取緣的「取」是取著之意。
一般說個體的生死是來自於取著，有漏業因來自於久遠的行
業招感，依照唯識學的分析就是透過識的取著為緣，以業為
因，業是無始無明所生，以此因緣而生三有──欲界、色界、
無色界，這是世間每個人招感生死的方式。

　　另外一種是無明住地為緣，無漏業為因，這是菩薩的悲
願。以悲願為因。佛法把悲願本身視為一種業，菩薩的惑當
然不是粗重取著相之中的惑。悲願會招感生死，可見這種惑
不是對個體而言，因為個體惑來自於取著，菩薩的惑當然是
另一個層次的惑。

　　印順導師的註解中說：「什麼是無漏業因，唯識家說：是
慈悲願力等。然無漏業因並不能正感生死，所以聲聞初、二、
三果，有愛住地煩惱未盡斷，如回小向大，仍由煩惱潤業，
但因悲願等無漏業，熏發有漏業，能轉分段身為變異意成身，

如神通延壽。如二乘證羅漢果，入無餘涅槃，四住煩惱已盡，即不能回小向大了。然本經不應這樣說，依嘉祥大師說：如二乘不染污無知，於大乘是染污；如變易生死，對一般的有為生死而名無為生死，其實還是有為的。今稱無漏業，也對一般的有漏說，其實還是有漏業。」

第三節　悲願是結合眾生而為一體的生死相

　　悲願也會變成一種業，這說法是很有意味的。由這業為因招感生死，如阿羅漢、辟支佛、大力菩薩三種意生身。也就是說它在一種特殊的生死相中。這種生死相依前面的解說，它不是個體的生死相，而是結合眾生為一體的生死相。如同《維摩詰經》裡所說「眾生病即是我病」。眾生煩惱不斷，我心裡難過，於是這病不是個體的病，而是眾生的病。這惑不是個體的惑，而是眾生的惑。我還沒有智慧去潤化它，於是就糾纏在「悲」上，這「悲」就是惑。

　　我們常看到一些很有悲心的人，因無法與智慧相應，就會著悲魔。這惑不起在個體上，而是當把眾生看成一個整體時，發現眾生滾在互相牽纏的煩惱中，便生起惑而招感生死。

　　於是解決這問題，就是要把眾生視為一個整體。我是這

整體中的一分子，有個解決的智慧出現了，我才能從那煩惱裡出來。所以勝鬘夫人說三地中，阿羅漢、辟支佛、大力菩薩三種意生身及無漏業，都依止於無明住地。

為什麼阿羅漢、辟支佛、大力菩薩這三種意生身仍然有無漏業？因為悲願會成為惑，因為它滾在眾生作為一個群體的整個結構的煩惱當中。

我們經常說小乘的悲願不夠大，因為他的悲願只是把眾生看成是一個個個體。悲願不夠大，不足以解決眾生的所有煩惱。也許你能徹底解決眾生世界每個人個別的煩惱，可是這世界不是每個人都有個如魯賓遜所住的荒島，而是我們所有的人共同住在同一個荒島上，就因為如此，很多問題就來了。

如今天要推行民主政治，顧名思義，民主是「人民做主」，可是民主的概念其實並不是「人民做主」的概念，而是有個人做主，而他做主的權力是由人民共同給他的。

我們都知道政治運作一定要有權力關係，如僧團事務不可能由一個人包辦，一定是大家分工合作；有分工就有組織、執掌，當分工很細時就會有層級出現。小團體可以不必有層級，各人做自己的事就好，但當它變成為一、兩百個人或一、兩千個人的大團體時，層級就會愈拉愈清楚，當中一定有權力關係。如果我們每個人都當家做主，這組織一定運作不起來；所以做主的一定還是某個人，只是這個人做主的權力，是由人民共同給他的。

民主社會很重要的精神就是我給你多少權力，你就只能用多少權力，超過一點點就違犯了我賦予你的權力，我就有權力把你現在所享有的權力拿回來。政治學上有句名言──權力會使人腐化，絕對的權力必然使人腐化。所以民主社會有個很基本的共識，就是我不能給任何人享有絕對的權力。我給了某人權力後，我就要給另外一個人有個牽制他的權力，這就是制衡的概念。

權力要有幾角關係的制衡呢？在傳統的政治學裡說要三權分立，但在現代社會裡三權是不夠的。我們還發展出很多其他的非成文的權力，如輿論的權力、知識分子的權力。又如在西方社會裡已傳之久遠的「知識即是權力」(knowledge is power)，知識在民主社會裡扮演了一定的權力，制定公共政策時要尊重知識，權力運用時也要尊重知識。

民主就是法治。法治的概念並不是說有套法律來管理就好，這套法律的制定程序有非常重要的關係。如果說法治就是用一套法律來統治的話，那古代也有法律，但為何古代的專制社會不稱為民主社會？因為那法律只是皇帝個人的意志而非全民的意志。

所以民主社會要求的法律是透過民主程序所獲得的一套法律，官員只是執法者，他自己當然也在這套法律之中。於是在民主社會裡，法律變成一個抽象的東西。法律本來是人創造出來的，所以一定是無常，適用於現在的法律不一定適用於下一刻，因為社會變動得太厲害了。可是民主社會一定

要讓法律變成「常」，故意要讓法律的變動變得很困難，所有人都要守法，這樣才能讓世間種種權力的運作可在一個穩定的狀態下，不致隨意越軌，這就是民主社會的概念。

所以民主制度下的法律一定多如牛毛，而且很難改動，然後官僚系統就會愈來愈龐大，結果沒有效率，所以民主制度可說是個最大的無明住地，它要把法律從無常的狀態硬變成常的狀態。這也是為什麼所有的政治學者都說，民主制度不是個好的制度，但它是在所有的爛制度中最好的緣故。

進一步說，任何國家都要有一部根本大法，這部根本大法很難改動，想要取得集體的共識來修憲非常困難，程序也一定是最複雜的。因為憲法規定國家的、政府結構的基本權力關係，這權力關係不能隨便更動。若它可隨便更動，萬一有個野心家掌權就很麻煩。民主制度的副作用這麼大，可是人類在歷史教訓的逼迫中，卻又必須去選擇這樣的制度，這其中當然是有大道理在的。因為法律很難更動，每個人遂都會發現法律跟不上一個現代化的社會，但除非有個更好的制度，否則無法解決。

我之所以要反覆地舉例，是想讓各位了解到，當我們將眾生視為一個整體時，它的煩惱相是完全不相同的。這煩惱完全不能由個別個人心中的煩惱來類比地了解，這點要請各位千萬注意。當一個法案在經年累月的討論後終於通過了，我們就會發現時代又變了，那法案又不符合需求了。所以，永遠在修法，法修完後，它又跟不上時代，這是個最大的無

明住地——執無常為常。

第四節　佛菩提智斷無明住地煩惱

　　在個人身上我們看不到這問題，但你把它放大來看這個世界，會發現到理想的社會其實不存在人間。人間大多時候是修羅場——也就是一群好鬥的眾生的競技場，民主社會只是讓這修羅場變成人間而已。

> 是故三種意生身及無漏業，緣無明住地。
> 世尊！如是有愛住地數四住地，不與無明住地
> 業同；無明住地異離四住地，佛地所斷，佛菩
> 提智所斷。

　　這裡我們可以看到這是兩種層次的業，兩種層次的住地煩惱，斷無明住地要有特殊的智慧，稱為「佛菩提智」，可見佛菩提智不是只針對個體煩惱的解決而言，而是對眾生整體的煩惱解決而言。

> 何以故？阿羅漢、辟支佛斷四種住地，無漏不

盡，不得自在力，亦不作證。無漏不盡者，即
是無明住地。

世尊！阿羅漢、辟支佛最後身菩薩，為無明住
地之所覆障故，於彼彼法不知不覺，以不知見
故，所應斷者，不斷不究竟。

阿羅漢解決的是每個個體的煩惱，他無法解決眾生的煩
惱，包括到最後身菩薩，都還不能完全懂得佛的菩提智，所
以菩薩只是分斷煩惱。

以不斷故，名有餘過解脫，非離一切過解脫；
名有餘清淨，非一切清淨；名成就有餘功德，
非一切功德。以成就有餘解脫，有餘清淨，有
餘功德故，知有餘苦，斷有餘集，證有餘滅，
修有餘道。是名得少分涅槃；得少分涅槃者，
名向涅槃界。

這三種意生身只是向涅槃界，它無法真的斷煩惱。小乘
說阿羅漢可斷煩惱，不受後有，這是指著個體而言，如果這
個體可以自己存在於山巔水涯，煩惱當然就已經解決了。如
果個體無法存在山巔水涯的話，它仍然必須活在人群中，必
然會再招感生死。

> 若知一切苦，斷一切集，證一切滅，修一切道，
> 於無常壞世間，無常病世間，得常住涅槃，於
> 無覆護世間，無依世間，為護為依。何以故？
> 法無優劣故得涅槃；智慧等故得涅槃，解脫等
> 故得涅槃，清淨等故得涅槃，是故涅槃一味等
> 味，謂解脫味。世尊！若無明住地不斷不究竟
> 者，不得一味等味，謂明解脫味。何以故？無
> 明住地不斷不究竟者，過恒沙等所應斷法不斷
> 不究竟。過恒沙等所應斷法不斷故，過恒沙等
> 法應得不得，應證不證。

　　這裡基本的觀念就是佛的智慧能解決無明住地，也就是
要解決結構性的煩惱。佛最關切的問題是無明住地，因為這
個煩惱才真正的「大」。解決這煩惱當然要有特殊的法門，小
乘行人解決的方法就是觀照自己心理上種種的取著相，然後
一個個斷掉。可是大乘面對的問題是眾生這集體的網絡，它
顯然不是小乘的觀法就可以解決的。

> 是故無明住地積聚，生一切修道斷煩惱上煩惱，
> 彼生心上煩惱，止上煩惱，觀上煩惱，禪上煩
> 惱，正受上煩惱，方便上煩惱，智上煩惱，果
> 上煩惱，得上煩惱，力上煩惱，無畏上煩惱。
> 如是過恒沙等上煩惱，如來菩提智所斷，一切

　　皆依無明住地之所建立。一切上煩惱起皆因無
　　明住地，緣無明住地。世尊！於此起煩惱，剎
　　那心剎那相應；世尊！心不相應無始無明住地。

　　他說：「是故無明住地積聚，生一切修道斷煩惱上煩惱。」
這一切上煩惱就是修道所應該斷的煩惱。無明住地會生起這
一切上煩惱，這些煩惱都由心上而生，包括止、觀、禪、正
受、方便、智、果、得、力、無畏等。譬如我修禪定可以解
決自己的很多問題，但現在我們面對的是這社會動亂的問題，
禪定是不是能解決，恐怕答案就很難說了。如我們社會如果
一旦有一些風吹草動，移民的問題便會受到熱烈的討論：中
國人一碰到動亂就想到逃難，我們不是去解決動亂而是去逃
難，所以可想而知中國社會還會亂下去。看到全臺灣的眾生
在受苦，我們會生悲，這時悲會擾亂我。修定可以調伏它，
可是光修定能解決問題嗎？不行！所以這些法門顯然都要有
新的理解方式。用修止、修觀這些方式都只調伏個人心理的
種種煩惱，可是對於解決大問題來說，這些功夫都只是必要
的條件而已。

　　世尊！於此起煩惱，剎那心剎那相應；世尊！
　　心不相應無始無明住地。

　　無明住地本身這個住地煩惱，也會生起煩惱，天台宗稱

為塵沙惑，它與見思惑不同。塵沙惑有個本源地稱為「心不相應無始無明住地」，天台宗認為這個只有佛地能斷，菩薩只能從塵沙惑上的事相上去一個個解決它，菩薩無法從無始無明住地的根去斷煩惱。經文是如此說，但其真實意思該如何了解呢？以下我想藉「公德」這概念來說。

第五節　由公德看菩薩境界

中國人常被一套思維制約著，那就是格物、致知、誠意、正心、修身、齊家、治國、平天下。凡事皆以修身為本，但修身就能齊家、治國嗎？這其實是不同領域的事。就如中國人喜歡以很高的道德標準來要求政治人物，若政治人物個人私德出問題，是不是代表他一定不能治國？其實並不一定如此，因為這有時可以是兩回事。也就是當你要從修身往齊家、治國、平天下的方向努力時，修身只能算是個基本的必要條件，它並不是充分條件。儘管政治人物並不見得能經得起最高道德標準的檢驗，但他要經得起最低道德標準的檢驗。誠信是一個人的道德起碼條件。人一掉進政治圈子裡就髒了，因為那是一灘污水、爛泥，人掉下去沒有不髒的。可是爛泥裡也會長出蓮花，一朵蓮花不能救那些爛泥，要滿池的蓮花才能把爛泥蓋掉，讓爛泥生出芳香。這是政客與政治家的分野。政治家可以從爛泥裡跳出來變成一朵燦爛的蓮花，政客

只會讓自己變成爛泥。

　　以前有個笑話，名演員李立群以相聲方式講政治人物，有人去訪問前行政院長李煥，問他對某事的看法如何。李立群學著李煥說：「嗯！呀！耶！大家辛苦了。」說了半天什麼也沒講，政治人物要有這種功夫，因為很多話都不能講，很多事如鴨子划水是在底下解決。有種種折衝、協調、妥協，那些都無法講，因為都不能經得起嚴格的標準檢查，但它是政治裡的一個真相。政治人物最起碼要守誠信，不能因政治裡必須有這麼多的妥協，就放棄了誠信的基本原則。所以需要修身，它是個必要的條件，而且政治人物的這個標準要比一般人高一些。可是我們也得了解這裡所說的「道德」，它的內容應如何理解。

第一項　公德與私德

　　今天的人看道德應該有兩個概念——公德與私德。每個人當然都有個基本的行為法則，希望成為一個道德上完美無瑕的人。在中國傳統裡這種人叫聖人，但從古到今沒有幾位聖人，哪個人能講自己道德上完美無瑕？作為在人間執行秩序的政治人物，他所需要的道德是不是一個聖人的道德？我想這是需要做一點區分與澄清的。政治人物負責公共事務的領域，他所需要的起碼道德標準是個公德的標準。一般說公德心就是不要亂丟垃圾，看電影要排隊。不要亂丟垃圾，為

什麼是公德？因為那樣做會影響環境衛生，於是我們要求自己不要去妨礙別人。這是不是一種公德的概念？當然不要亂丟垃圾這絕對是一件正確的事情，我們不是質疑這件事情，而是說這算不算所謂的公德。公德要以什麼標準來看待？以前嚴復在翻譯時把這東西稱作「群己關係」。在今天這個講民主的時代裡，群己關係是界定在一種權利與義務的關係之下，這是一個很重要的概念。

　　人與人之間會發展出各種各樣的關係，中國傳統裡稱它們為倫理關係。它們有各種型態，如君臣、父子、夫婦、兄弟、朋友的傳統五倫關係。君臣的關係，在一個組織性的行為中有個擁有權力的支配者以及接受命令者，是長官與部屬的關係。在我們傳統的倫理關係裡，君臣關係是「義」的概念；父子關係是「恩」的概念；夫婦關係是「恩義各半」的概念；兄弟關係是介於「恩義」之間，恩重於義的概念；朋友關係是「義」的概念。父子間的恩情，有句老話說「父子不責義」。舉例來說，爸爸不能告訴兒子：「你要好好孝順父母啊!」孝順父母是件應該做的事，可是這話不能由爸爸講，那會以義而傷恩，會傷父子間的恩情。兒子也不能直接向爸爸說「你要慈愛」，因為這會傷了父子之間的恩情，所以要把孩子交給老師去教，由老師去講那個話。師生之間的關係也是一種倫常的關係，這種關係包含的範圍很廣，有父子、兄弟、朋友之間的各種關係，它是個總合體，很難去規範。所以，師生之間的關係不列入五倫之內。

　　五倫間的關係是「恩」與「義」概念的關係，一個是彼此間的恩情，一個是彼此間的道義。道義只能要求自己，不能要求別人。而群己關係是要你跳出這樣的思維結構，不再以恩、義來決定關係，而是把人與人之間看成是兩個相對體。彼此擁有什麼權利，要盡什麼義務，當中有條清楚的權利與義務的分界線。這時它不是只要求自己；在看待人與人之間的關係時，要問自己站在什麼地位，享受什麼權利，要盡什麼義務？必須要有這樣的關係，才有所謂公共事務的領域。然後我可以在這樣的人群當中，享受一定程度的自由，不會讓自己的自由度被別人侵犯，能適度地保衛自己的權利，而那是拿我相對的義務交換得來的一個彼此間權利與義務的關係。

第二項　公德的關係是建立在權利與義務上

　　法律上把群體視為法人的概念，如一個國家在國際法裡是法人的地位。今天我作為這群體裡的一份子，我與國家便形成一個相對的關係，我要獲得國家的保障，就必須相對地盡義務，如納稅、服兵役、受國民教育。為什麼受國民教育變成一種義務？因為我必須有一定的知識程度才能貢獻社會，才能在這現代社會生存下去，所以受教育變成你個人的義務。

　　同樣地，當我進入到某個團體裡，要想的是在其中享有什麼權利，必須負什麼相應的義務。中國人很不習慣這種思維模式，因為中國人很容易直接把義務看成道德概念。就是我要做什麼事，如果一碰到權利問題，就不好意思要求。一旦我們無法在我與群體之間拉下這條界線時，一個有道德的人會無限地退縮，不斷地反求自己，不好意思去要求權利；而一個沒有道德的人會無限地擴張權利，於是人群之間的關係就亂掉了。所以公德的關係是建立在權利與義務上，你可以類比地說這一條線叫無明住地，民主社會靠的就是這一條條線（法律）作為公德的具體分界點，在現代化社會裡，它變成絕對必要的東西。如果我要建立起良好的群己關係，那就要知道這法律提供我多少保障，我必須盡多少相應的義務。甚至必須要積極地參與法律的制定過程，因為在這法律裡，我不是個被法律統治的順民，而是個法律主體。這群己關係的界定是要靠我的參與去界定，這才叫做公德。

　　丟不丟垃圾還是反求諸己的問題，但這事情也可以叫公德。大家都在排隊時，突然有個人插隊，大家雖然看到很不高興，但通常總是息事寧人，過去就算了。若請他排隊，他回過頭來瞪眼，我們可能就不敢講話了。

第三項　若不維護公德，群己關係就會混亂

　　如果我們要嚴格地衛護好這公德的界線，如我前面有三

個人，我只要等三個人就輪到我，不需要等四個人，這就是我的權利。我不能隨意地讓我的權利睡著了。如果讓權利睡著了，我只是多等一個人，損失可能不大，可是當這樣變成習慣後，就沒人要排隊了，群己關係的秩序就會混亂。於是在理論上說，若人插隊就應該叫他到後面排隊去，他瞪你，你就瞪回去；他罵你，甚至捲起袖子來要打架，你就應該顯怒目金剛相。當然，現實上我們不一定辦得到這點。如在馬路上發生車禍，誰聲音大誰就贏，馬路規則變成弱肉強食的叢林法則，發生一點點狀況，路上明明有人看見，誰對誰錯，是非曲直照理可以說，但在臺灣馬路上，大概一千個人也找不到一個人會願意出頭到法院幫忙作證。

　　這其實是維護現代社會公德的一個起碼要求，如果你不去衛護它，那條線就會不見了，群己關係就會混亂，個人的道德即使再好，所有的煩惱都會找上門。所以，政治人物涉足公共事務領域，我們要求他要能遵守公德，至於他個人的私德，那是他家的事，只要不干擾到別人就可以。如美國前總統柯林頓經常鬧緋聞，而白水案是他個人投資理財上出現金錢的糾紛，美國人關切的是柯林頓有沒有動用作為政治人物的權力涉入個人的財務糾紛裡。如果有的話，就是侵犯了政治人物必須遵守的公德；如果沒有的話，私人之間的財物糾紛只是他們私人之間的事。鬧緋聞影響到的是他的家庭生活，但不能運用公共資源來解決問題，否則就亂了界線。所以政治人物是以公德的標準去要求他，那是以權利與義務關

係來界定的。但在中國的社會裡很難推動這樣的法律觀念，我們只有很清楚的道德概念要求自己，有時甚至自苦自己。我們常說退一步海闊天空，但也有時退一步就到了牆角；不知道衛護這條線，我們就常會被逼入牆角。

　　我們個人的道德修養可以忍、可以退，但我要能界分清楚忍與退。如夫妻吵架，彼此各退一步，清官也難斷家務事，忍一時過去就算了。朋友之間發生誤會，大家忍一時、退一步，過去就煙消雲散了，這可以依個人的道德辦到。可是公共事務的領域，就不能隨意地侵害了那條權利與義務的界線。法律就是一條條規範權利與義務的界線。作為現代人，我們要了解公德與私德之間的區隔，也不要輕易地用道德概念去思考公德這個概念。如果大家都能有這樣的認識，法治的社會才能真正建立起來。儘管法治的社會是最大的無明住地，但假如能建立法治的社會，它的境界也很高了，這社會就不會是個叢林社會。

第四項　菩薩發揚公德，就能解決塵沙惑

　　如果我們能讓這社會上軌道，在法律提供我們多少的自由度之內，用功淨化自己，它未必代表一個最究竟的境界，但它可解決很多問題，這已是菩薩境界了。好的法治社會就是菩薩境界，這是我提供的一個觀念。

　　從這裡，我們可以再回到前面所談到的主題：既然無明

住地是指群體的煩惱，而若有菩薩真有悲願，他恐怕便需要
發揚公德，積極促進法治社會的完成，這樣他就能夠解決不
少塵沙惑了。當然，這樣的解決方式自然是還不夠的，它至
多只能解決群體煩惱的表相，而還碰不到這個無明住地的根。
在此，聰明的讀者。您當然也可以試想一下，如何去理解這
個根？為何經上要說這個根只有佛可以斷？這問題確實是十
分深微的。

三乘即是一乘

成佛要面對的問題是種種煩惱，
是人生當中很特定、非常重要的本質性問題。
所謂佛能遍知一切，
是指他遍知一切煩惱所在，
從而也能解決一切的問題。

第一節　惟佛能斷盡煩惱

世尊！若復過於恆沙如來菩提智所應斷法，一
切皆是無明住地所持所建立。譬如一切種子，
皆依地生，建立，增長，若地壞者，彼亦隨壞。
如是過恆沙等如來菩提智所應斷法，一切皆依
無明住地生，建立，增長，若無明住地斷者，
過恆沙等如來菩提智所應斷法，皆亦隨斷。
如是一切煩惱、上煩惱斷，過恆沙等如來所得
一切諸法，通達無礙，一切智見。離一切過惡，
得一切功德，法王法主而得自在，證一切法自
在之地。如來應等正覺正師子吼：我生已盡，
梵行已立，所作已辦，不受後有。是故世尊以
師子吼，依於了義，一向記說。

「如來不受後有」是指眾生的煩惱皆已斷盡，眾生煩惱
的實相並不只是指個體的煩惱，還要含括結構性煩惱，但這
煩惱可不可能斷盡？這在原則上說似乎不可能。那麼佛斷盡
煩惱是在什麼意義上而說的呢？如果煩惱不能斷盡，那我們
還修什麼？

> 世尊！不受後有智有二種。謂如來以無上調御
> 降伏四魔，出一切世間，為一切眾生之所瞻仰，
> 得不思議法身，於一切爾炎地，得無礙法自在，
> 於上更無所作，無所得地，十力勇猛，昇於第
> 一無上無畏之地，一切爾炎無礙智觀，不由於
> 他，不受後有智師子吼。

這裡有兩種不受後有智，阿羅漢不受後有，佛也不受後
有，這不受後有智是什麼意思呢？他說：「出一切世間，為一
切眾生之所瞻仰，得不思議法身，於一切爾炎地，得無礙法
自在。」

曾有人說這表示佛無所不知，我就開玩笑似地問他說：
「佛知不知道相對論？」其實連這句話都有問題，因為佛並沒
有這個問題，對佛陀而言，那時相對論還沒出現；但那位先
生卻說佛一定知道。我就追問他：「佛為什麼要知道相對論？」
以上的問題雖屬玩笑，但它也埋藏著一個很重要的問題。什
麼叫做「佛無所不知」？就如西方基督教裡說上帝無所不能，
就有人開玩笑問：「上帝能不能夠造出一個祂拿不動的石頭？」
這當然也是個玩笑性的問題，但在西方哲學史上是個很有名
的問題。那佛具有無所不知的「不受後有智」，應如何解釋？
經典裡說佛有十四難不答。佛為什麼不答？甚至我們可以再
問佛到底答不答得出來。當然在問這問題之前，我們需要了

解佛為什麼不答。

　　佛是不是需要知道世間一切事情？佛可不可能知道世間的一切事情？說佛有千萬億化身，可以遍知一切事，這是什麼意義？佛有千萬億化身，但這世間的問題還是這麼多，不但沒有解決，反而層出不窮，這問題究竟在哪裡？我們想要解決這問題，必須先懂得如來法身的意義。如來有如來藏空智，其中有空如來藏與不空如來藏。這問題要根據這個意義才能把「佛無所不知」的意義解開來。以下仍先順經文來看。

第二節　會三乘以歸於一乘

　　佛得不思議法身，能遍知一切，這要如何解釋呢？經文說：

> 世尊！阿羅漢、辟支佛，度生死畏，次第得解
> 脫樂，作是念：我離生死恐怖，不受生死苦。
> 世尊，阿羅漢、辟支佛觀察時，得不受後有觀
> 第一蘇息處涅槃地。

　　阿羅漢、辟支佛能度生死怖畏，他可以突破個人種種的取著限制，不再受個人心靈的種種業障魔難所牽纏，而能度脫生死。但是對個體而言，他所得的不受後有只是觀第一蘇

息處涅槃地，不是真正的涅槃地。下面他說：

> 世尊！彼先所得地，不愚於法，不由於他，亦
> 自知得有餘地，必當得阿耨多羅三藐三菩提。
> 何以故？聲聞、緣覺乘，皆入大乘；大乘者，
> 即是佛乘，是故三乘即是一乘。

　　小乘人要回小向大，他必須先覺察到自己仍然是「有餘」的。這要靠他能看到眾生的悲苦，且生起無漏業因的悲願。然後看到世間有個無明住地的大煩惱。以無明住地為緣，他不讓自己停在阿羅漢身分上，能進一步求解脫。

　　在中國的社會裡，小乘人特別多，因為他整個心靈、生活都只是圈限在自己的範圍內。若與別人交往，也只是由於自己的需要，若需要不見了，交往也就結束了。每個人做好自己，把分內的工作做好，其他的事一概不知。其實我們會看到社會上這種人是居多的，他們看不到群體，沒有社會的概念。這個人可以是個很精進的人，或一般世俗所說的好人，但是這個人卻是一個「愚於法」的人。因為他對於人群沒有絲毫認識，從未把自己的生命放到人群裡，這樣的人自然很難回小向大。反過來說，其實當我們能把自己的生命放到人群裡時，往往就會發現人群當中原來有那麼多人處在悲苦的情境下，這時自然能促進我們來觀照這個社會的大煩惱網，這個無明住地。

能觀察到無明住地，而生起一份悲願，就能回小向大，最後必當得阿耨多羅三藐三菩提。「何以故？聲聞、緣覺乘，皆入大乘」。這句話表示三乘即是一乘。三乘人不能滿足自己三乘人的地位，如果滿足就是墮落。自己的根器小，無法生起悲願，就不能真正進入眾生的煩惱當中，雖然得清淨地，但這清淨地是不究竟的，仍會退轉回生死當中。

小乘與大乘原來就不是相互對立的關係，而應是個境界發展上的關係。在佛教史發展的過程中，很多論師並不如此看待。小乘的論師會批評大乘，大乘的論師也會批評小乘。這世界上有些人會覺得「天下本無事，庸人自擾之」。我只要不去擾人，好好把自己解決了，不要當個庸人，這世界就太平了。

這種想法有點樂天知命的美感，不過一些悲心比較廣的人，大概對這世界不會那麼樂觀，因為這世界的問題層出不窮。在古代社會裡，小乘人往往可以取得相對的、相當大的自由度，這是因為古代社會的控制力不強，生產工具不發達。而愈到了現代化的社會，我們就會愈發現小乘人很難有生存的空間。因為這社會人群之間的關係太緊密，社會的控制力太強了，哪個人能脫離社會網絡的控制呢？

今天整個社會控制的網絡是那樣緊密，像我們在警政機關都有口卡——每個人基本資料的記錄。我們當兵時，都要留下指紋，只要是中華民國國民，沒有一個人可跑得掉，這是今天整個社會控制的機制之一。以此擴大來看，其實僧俗

之間的界線往往也只剩下我們主觀的認定而已。在大社會控
制機制下，人的自由度常常被相當程度地壓縮了。民主社會
如此，那大陸的社會控制機制就更可怕了。老公公、老婆統
統被組織動員起來，每天搬個凳子坐在巷口，觀察人來人往，
大陸在文化大革命時期就是如此，這叫做「全民特務」。今天
家裡來了個陌生人，公安局馬上就有檔案。人與人之間的關
係到了這種地步時，你不能隨便講句話，不能隨便做件事。
幾年前我到大陸去，和我姨丈在旅館裡聊天，說話時突然走
廊上有一點點聲音，我根本還沒有警覺到，我姨丈的話突然
停住，然後聽了一下，站起來打開房門探頭看，關門再繼續
談。人的警覺性已經到了那種程度，真是很可怕。我們以前
開玩笑說每個人心中都有一個警備總部，這情形在大陸上到
今天還很普遍。我與一位在北京人民大學教書的教授，私下
在外頭交談，說到一半，我發現他突然不講話了。然後我看
他面無表情，眼睛看向遠方，我才警覺到後頭大概二、三十
公尺遠有個人走過來。等那人慢慢走過了二、三十公尺遠，
他才又開始講話。人與人之間的關係發展到這樣，那是個人
間煉獄。

　　在這樣不太可能擁有多少自由度的時代裡，大概幾乎沒
有小乘人生存的空間了。所以回小向大，其實根本是這時代
每一個人的宿命呢！

第三節　得一乘是如來法身

　得一乘者，得阿耨多羅三藐三菩提；阿耨多羅
　三藐三菩提者，即是涅槃界；涅槃界者，即是
　如來法身。

　　這裡指出得一乘者就能得無上正等正覺，即是涅槃界。
這涅槃對顯著阿羅漢的灰身泯智。涅槃界即是如來法身，如
來的法身是無上正等正覺，是以能斷除無明住地來規定。如
果迴小向大是每個人的宿命，那麼我們當然得想方法來斷除
無明住地。於是我們乃必須問無明住地能不能斷？

　　關於這問題，我們可以這樣來想。如果我們用結構性煩
惱的概念來解釋無明住地的話，它為什麼會成為煩惱？這問
題我想如此說：任何制度都有它本質上的惰性。制度、結構
會產生煩惱，是指結構本身的惰性而言。由於任何一種制度
都有惰性，所以就讓一些居心不良的人找到種種運用的空間。
制度所帶來的問題，經常是由於一些人鑽法律漏洞，而扯來
一大堆煩惱。人心當然會出問題，但人心出問題之所以會造
成結構性的影響，也必定是由於這結構本身有個大問題存在。

　　所有的結構都存在著一個本質上的惰性，任何一個成文
或不成文的典章都很難更動。當人與人之間形成一種固定化

運作的關係時，這關係要改變就很困難，它會產生一定的惰性，人在面對這惰性時，通常很難有所警覺，而走進了這套機制當中，便喪失了多少的自由度。然後我們必須要在種種的對顯之下，才能看見原來自己已經被某套觀念所制約而完全不自覺。這是來自結構性的惰性，很難自覺，也是所有制度、結構所會發生問題的關鍵地。要怎麼克服它呢？

要想解決這個煩惱，就要先問誰能自覺到這個惰性。誰能覺察這惰性所帶來的煩惱？誰能在這地方生起悲願？誰能因這份悲願的引發而消解惰性？如果能做到，那這個人就是菩薩，就是佛。所以，我們現在要面對的，不單純是每個個體心靈上的種種污染，而是整個人群結構中所產生的種種惰性。誰能在這裡面尋找到最大的自由度，誰能去克服這制度的惰性，誰就有本事可以克服這個常見，然後獲得正覺。於是，由這個領悟，我們乃接近了「佛無所不知」這個問題的解答了。

佛所知的一切是什麼？佛當然知道人心靈裡的種種，這點阿羅漢也能了知。但佛比阿羅漢還要高明一些，他更知道人存在的各個面向的結構體中產生的惰性，他不見得遍知一切。中國有句老話：「一事之不知以為深恥」。有些讀書人認為若有一件事不知就覺得是無上的恥辱。但我為什麼要知道那麼多事情呢？我會開、會用冷氣就好了，為什麼要知道它的結構？我為什麼一定要知道稻子怎麼種或愛斯基摩人在北極是如何生活？知道這些對我的成佛有什麼幫助？我成佛要

面對的問題是種種的煩惱，是人生當中很特定、非常重要的本質性問題。

因此，我們乃能知道所謂佛能遍知一切，是指他遍知一切煩惱的所在，從而也能解決一切煩惱。舉例來說，就像香光寺用 workshop（工作坊）的方法來幫助解決僧團結構體所面臨的煩惱，這個人就是個菩薩。因為他能幫我們解決一個並非各位心靈中的問題，而是解決結構體本身所產生的問題。workshop 所發揮的功能當然有限，那就表示這個解決的法門不徹底、不究竟。但它一點也不影響到提供這法門之人的菩薩身分。雖然每位佛教徒都以釋迦牟尼佛為導師，就如中國人只認孔子為聖人一樣，可是我們也有句老話說聖人是與時推移的。同樣地，佛菩薩也是如此，每一時代、每個群體都有特殊的問題，於是我們會在這時代裡，看到各種菩薩，我們也需要各種佛來解決每個人心靈當中的問題，也需要解決全體眾生糾纏在網絡當中，所發生的各種共同問題。

在此我想有個人物值得推介一下。前幾年曾來臺訪問的那位在前蘇聯時期一手推動蘇聯轉型，終於導致共黨政權瓦解的戈巴契夫，當年他能在蘇聯那樣的體制竄出成為俄共的總書記，如果沒有相當的政治手腕，如何辦到？他不但要會吹牛、拍馬屁，且手段要一級棒才行；這個人絕對不是個道德無瑕的人，在現實政治上的作為也不見得是個成功者。可是我們看到他的悲願如此之廣，他看到這時代的問題，也看到它的未來，而企圖去解決。戈巴契夫點出民族主義會是這

時代最大的弊害。能發這種悲願的人就是大菩薩。我們能不能注意到這裡有個本質性的問題，看到未來發展的前景？我們需要努力什麼？誰能看到這點，對臺灣而言就是大菩薩，誰能提出解決方案就是佛。

　　冷戰時期過去了，後冷戰時代到來，人類都滿心以為只要拆掉鐵幕的圍籬，就有個幸福快樂美滿的日子。結果發現即使把圍籬拆掉之後，這世界仍充滿危險不安、動盪饑餓。問題在哪裡？這裡當然有人心的問題，但光克服人心的問題，我們這時代的問題不見得就克服了，它還有些根本的問題。以這個立場來說，這時代是個需要有佛菩薩的時代。

　　那麼什麼叫如來法身？得無上正等正覺是如來法身。也就是證諸法空性，於一切皆不取著，於世間一切法能作實相觀。落實來說就是一個真正能消解人心迷障與結構性惰性的人，就叫做如來法身。可見成佛還真不是件容易的事，需要有多少智慧與修行，這法門要成就，當然就有其特殊的方式，這可不是如小乘一般找某個法門來觀想就能辦到，而是要以最大的悲願投入世間。

第四節　如來是常住歸依者

　　得究竟法身者，則究竟一乘。無異如來，無異法身，如來即法身。得究竟法身者，則究竟一

乘；究竟者，即是無邊不斷。

世尊！如來無有限齊時住，如來應等正覺後際
等住，如來無限齊大悲，亦無限齊安慰世間。
無限大悲，無限安慰世間，作是說者，是名善
說如來，若復說言：無盡法，常住法，一切世
間之所歸依者，亦名善說如來。是故於未度世
間，無依世間，與後際等，作無盡歸依，常住
歸依者，謂如來正等正覺也。

　　說如來無限齊大悲願力，無限齊安慰世間所有眾生；又
說如來是個無盡法、常住法，最後他提出一個可以傳之久遠
且永遠適合世間的方法，如提供某個烏托邦式的理想世界，
永遠不再有煩惱。但我們要問的是這東西到底存在不存在呢？
　　我想這裡先要了解：無盡對顯「有盡」，常住對顯「有斷」、
「無常」。那麼佛法所謂的無盡法、常住法是不是一個定法？
《法華經》裡有句話說「世間相常住」。我們常說世間的本然
實相就是在無常之中進行，佛法也不離世間而寄託在這個無
常之中。因此所謂的無盡法、常住法，只是在這無常之間找
出它的常性。這常性所指的是什麼呢？以小乘的觀法來說，
因人心會執無常為常，只要不取著無常法就能解脫，這不取
著本身就是一個常。所以這常住法只是告訴我們，不取著這
世間的無常法，這就是無盡法、常住法，也就是說我能轉化
這種種的迷執與制度的種種惰性，讓制度的惰性與心靈的取

著不再存在，這就是所謂的佛法。

　　所以佛法依於世間法而住，它也要相應世間法存在，而獲得常住相，它才能無限地安慰一切世間眾生。以這個立場來說，釋迦牟尼佛本身示現滅度相，但如來法身無所謂的滅度。佛在哪裡？佛法在世間，不離世間覺。佛就在我們每個人的覺性當中。如果我能自覺，發悲願觀照智慧，就能續佛慧命。每個時代都需要一些常住的歸依者，聖人必須要相應每個時代而出現，成為時代特別的格局。

　　事實上，沒有一個固定的聖人、固定的佛，以信仰的立場來看，我願意說釋迦牟尼佛是唯一的佛。可是在佛教裡較無這種執著，因佛有種種不同的示現。然而在中國傳統的講法，執著相的情況就很嚴重，認為只有孔子是聖人，冠個「亞」字，就不是最究竟的聖人。其實聖人的意義絕對是與時推移的。

　　　　法者即是說一乘道，僧者是三乘眾，此二歸依，
　　　　非究竟歸依。名少分歸依。何以故？說一乘道
　　　　法，得究竟法身，於上更無說一乘法事。三乘
　　　　眾者，有恐怖，歸依如來，求出修學，向阿耨
　　　　多羅三藐三菩提。是故二依，非究竟依，是有
　　　　限依。

　　我們平常說三歸依──歸依佛、歸依法、歸依僧。事實

上，說三歸依只有一歸依，另外兩個歸依都只是階段性的。

> 若有眾生，如來調伏，歸依如來，得法津澤，
> 生信樂心，歸依法僧，是二歸依，非此二歸依，
> 是歸依如來。

歸依法、歸依僧只是方便，最後還是要歸依如來。歸依如來就是皈依第一義諦。

> 皈依第一義者，是歸依如來，此二歸依第一義，
> 是究竟歸依如來。何以故？無異如來。無異二
> 歸依，如來即三歸依。

在這裡講三乘即一乘，會三歸一：

> 何以故？說一乘道，如來四無畏成就師子吼說，
> 若如來隨彼所欲而方便說，即是大乘，無有三
> 乘，三乘者，入於一乘；一乘者，即第一義乘。

一乘方便說是大乘。三乘皆應入於一乘，因為聲聞、緣覺乘的修法，只能解決個體的問題，永遠不究竟。中國佛教向來要歸入大乘的精神，這幾十年來，中國佛教提倡人間佛教也是此意。但坦白說人間佛教這個概念還有點模糊，並無

多少具體內容，不過我們可用前面的思路來添補人間佛教的
內容。

　　人間佛教第一個方向就是我要參與人間。今天有很多道
場都有參與人間，但這樣的參與是否能達到人間佛教的大乘
精神？我想重點是如何參與人間？也就是不論用任何方式參
與人間，都不能把自己的腳步緊緊限制在解決每個人的煩惱
上。

　　我想臺灣很多道場希望能發展大乘精神，事實上都只解
決到這個層面而已。當然我們也看到有些道場有更開闊的格
局，如慈濟功德會走入人間去救苦救難。這救苦救難的整個
方向已經不完全只是針對每個個體的心靈或某個受苦的眾
生，它已考量到如何更具體地解決這問題。如辦醫學院以推
展醫學教育，顯然它已注意到整個的問題，不單純只是救心
或拿些錢財幫助人暫時度過難關而已。另外它還有更積極的
面向，是要與這世界的學問結合起來。因眾生的煩惱不是只
有身體的，眾生有無量無邊的煩惱。於是與這世間的結合必
須採取什麼更寬廣的格局？我想原則上要開闢出這樣的方向，
這是個原則性的思考。

　　如果各位覺得像香光寺這樣的道場必須承擔的是今天臺
灣所面臨的困難，那麼各位就要能觀照到臺灣今天的問題癥
結，願意承擔這苦難，然後提出解決這苦難的方向。它不再
只是針對每個個體，而是針對整個臺灣群體。

　　如果各位覺得經典所說的理論是正確的話，那麼不論以
在家相或羅漢相的身分，都一樣要匯歸到這個法門來。

眾生證顯如來藏即能成佛

佛的證果，
必須排除以佛的經驗性質作為根據地的論點，
即成佛的過程不是個創造性的過程，
而是個發現性的過程，
重新發現內在原已具足的本性，
於是如來藏便發展成一個普遍性、必然性的根據。

第一節　佛的聖諦智最究竟

世尊！聲聞緣覺初觀聖諦，以一智斷諸住地，
以一智四斷知功德作證，亦善知此四法義。世
尊！無有出世間上上智，四智漸至，及四緣漸
至；無漸至法，是出世間上上智。

他用漸至法與無漸至法兩個對舉的概念來做說明。這裡
區別二乘的智慧與出世間的上上智。出世間上上智一定是個
無漸至法。漸至法就是四智，四智是相對應於四諦法的觀法，
觀苦諦與觀集諦等小乘的種種觀法，都可以收在四智❶裡，
一分一分慢慢地斷除煩惱。如三十七道品❷裡都是在提供我
們種種的觀法，這是個漸至的法門。但出世間上上智是個無
漸至法，是頓悟的法門。所以依判教❸來說，《勝鬘經》一向

---

❶ 四智是相應於四諦的智慧，也就是「苦諦智、集諦智、道諦智、滅諦智」。

❷ 三十七道品就是原始佛教在談道諦時，通往涅槃的三十七種資糧，細說
　名目當然很繁多，在此不暇一一說明，一般我們說包括「四念處、四正
　勤、四神足、五根、五力、七菩提、八正道」。

❸ 判教是佛教解釋佛陀所有教說時，採用的一種很特別的方法，它認為佛
　陀的所有說法都是為了適應各種因緣而說，因此有層次的深淺，我們可
　以按照不同的層次，把佛陀的教法歸入不同的判教階段裡去。

都歸入頓悟教裡。

　　但無明住地所涉及的問題何其繁雜，而解決煩惱的法門卻是個頓悟法門。看起來好像又很容易，這法門怎麼會是這樣的呢？要想明瞭這點，首先我們得先了解這一法門的基點，以及進入這法門的方式。

> 世尊！金剛喻者，是第一義智。世尊！非聲聞緣覺不斷無明住地、初聖諦智是第一義智。世尊！以無二聖諦智斷諸住地。世尊！如來應等正覺，非一切聲聞緣覺境界，不思議空智，斷一切煩惱藏。世尊！若壞一切煩惱藏究竟智，是名第一義智；初聖諦智，非究竟智，向阿耨多羅三藐三菩提智。

　　二乘聖諦智不究竟，佛的聖諦智為什麼是究竟的？從這裡，我們乃開始要接觸到《勝鬘經》法門的基點了。

> 世尊！聖義者，非一切聲聞緣覺，聲聞緣覺成就有量功德，聲聞緣覺成就少分功德，故名之為聖。聖諦者，非聲聞緣覺諦，亦非聲聞緣覺功德。世尊！此諦如來應等正覺初始覺知，然後為無明殼藏世間開現演說，是故名聖諦。

第二節　聖諦是如來藏

> 聖諦者，說甚深義，微細難知，非思量境界，
> 是智者所知，一切世間所不能信。何以故？此
> 說甚深如來之藏；如來藏者，是如來境界，非
> 一切聲聞緣覺所知。如來藏處說聖諦義，如來
> 藏處甚深，故說聖諦亦甚深，微細難知，非思
> 量境界，是智者所知，一切世間所不能信。

　　他把聖諦變成如來之藏，是甚深義、微細難知，佛必須透過無量的悲願與無量的智慧，才能證顯聖諦。為什麼聖諦是在說甚深如來之藏，而如來藏是如來境界？其中含藏著一個很特殊的思考，而之所以得有此一思考，正是為了要展示一個頓悟法門，此一思考即是要為頓悟之所以可能尋找基礎。

　　「藏」是寶藏、藏庫的意思。從這個意思上來說，如來藏是個因地概念，不是個果地概念，因為它藏著而沒有證顯。可是佛為什麼能證顯？如果佛能證顯，我能不能證顯？在哲學性的思考上看，我們經常把這種想法稱為超越性❹的想法。

---

❹ 「超越」這個詞彙在哲學分析上，是個常用的詞彙，它意指著超越於「經驗」之上，但這是什麼意思呢？比如說如來藏是「因地」的概念，這裡所說的因地，是就因果而說，可是我們平常說的因果，乃是指經驗式的

　　經典裡常說佛久遠劫以來已在修行當中。佛修行些什麼呢？聖諦的內容是什麼呢？聖諦其實就是涅槃界、如來法身、正覺，就是沒有任何執著，而以因地之如來藏說聖諦義，即是說佛所以能證顯它是因為佛有根源上的覺性，覺性的內容就是他所證顯的聖諦。其實這東西早已藏在佛的身上，他久遠的修行只是把內在的覺性表露出來，這一表露和佛的任何特殊天賦、特殊際遇皆無關係。

　　於是覺性變成因地的概念，而這因地的概念也屬於眾生。眾生只要能證顯這覺性，就能成佛。他把果地的種種功德倒映於因地來說，先肯定眾生都有覺性──沒有任何執著的心念。

　　可是眾生為什麼不能成佛呢？在這解釋中，我們即說那是因為我們無法把覺性顯發出來，而不是我的天賦或際遇不好。佛陀為什麼能在面對世間這麼多煩惱時，可以突破煩惱的障礙，而把它證顯出來？他先肯定佛能證顯並不是因為佛是個超人，佛所證顯的都是他內在已有的一切，於是肯定佛有個內在的覺性，眾生在這原則上與佛同有這樣的覺性。也就是說，儘管要斷無明住地需要甚大的悲願與甚深的智慧，

　　因果，比方說雞蛋孵出小雞，蛋就是因，小雞就是果。然而當我們說如來藏是因地的概念時，這裡說的因地，和雞蛋之為因是不一樣的，如來藏並不是個經驗世界的東西，你不能想像經驗世界中有個具體的東西叫如來藏，但它卻是成佛的「根據」，這時我們便說如來藏乃是一個超越性的概念。

但是所有智慧、悲願的原則只有一個——「覺」。

我們就是要以無執著的心來面對它，而這無執著的心是久遠以來就已經內在於佛心當中的了，佛只是把他內在已具足的覺性顯發出來而已。佛是如何顯發的呢？相應於無量無明住地所引起的塵沙煩惱，覺性只是相應於每種塵沙煩惱顯出的智慧。佛並不是個超人。如果佛是超人，那就沒有所謂學佛這件事，我只能期待那個具有特殊根性的人，降生到眾生中來救苦救難，而這當然是違背佛教教義的。

第三節　覺性內在於眾生

所以他說這個根性必須內在於眾生，把佛所證顯的覺性內在化，因此說「此說甚深如來之藏」。原來如來只是顯發他內在的覺性，那覺性有自動自發的能力，促使他發出悲願，克服塵沙煩惱，尋求智慧。這想法倒頗類似於孟子的想法，因此我想藉助孟子的思考方式，來做一類比式的說明。

孟子認為人之所以能行善，是由於內在的原因，這原因會自發而形成力量。他舉例說乍見小孩要掉到井裡去，那時你會生起不忍的心，這不忍之心不是為討好小孩的父母，也不是為了讓鄉里覺得自己是好人，只是當下覺得不忍，這是一念的善端，而這善端是每個人都早已具有的。

佛是覺者，他並沒有把能覺當作是某種超人的能力，而

是當成眾生內在本具根性的顯發，於是眾生與佛的距離只在
覺性的顯與不顯上。如來的智慧是要克服無明住地的煩惱，
能從無明住地中顯出自己的覺性的人，就是個能覺者，由覺
而顯出的境界叫做聖諦。

　　所以說聖諦所有的內容意義早已具足在如來的根性當
中，佛只是如實地顯發它而已。這想法代表什麼意義呢？就
是眾生本來都該是覺者，有句話說「天下本無事，庸人自擾
之」就是如此。這世間本來清淨，眾生原具有清淨的能力，
那為什麼這世間會有這麼多亂七八糟的煩惱呢？這問題並不
出在眾生的基本覺性，而是因為眾生滾在這世間的煩惱相當
中，自己庸人自擾而帶來種種迷執。

　　佛的無量悲願、無量智慧，所要證顯的就是本來已經自
己具足的覺性 —— 也就是禪宗所說的本來面目，而不是其他
東西。如來的聖諦好像包含著無量無邊的內容，其實它唯一
的內容就是眾生本來清淨的面目。眾生要去「吹皺一池春水」，
這是眾生自己的問題，本來面目早已具足在眾生心中，這叫
做「如來之藏」。

　　從這點我們就可以原則性地了解為什麼大乘法門很簡
單。其實這法門不是到外面去找什麼觀法，而只是要我們觀
照本來面目。於是所有的觀法是向內收，把聖諦轉成一個因
地的概念：「此說甚深如來之藏；如來藏者，是如來境界。」
為什麼這境界非一切聲聞、緣覺所能知？因聲聞、緣覺仍在
生死怖畏中，無法真正證知眾生的本來面目。

「如來藏處說聖諦義，如來藏處甚深，故說聖諦亦甚深。」眾生本來就具足這東西，但眾生很難相信，因為我們總認為佛是個不得了的超人，他所證的無量無邊智慧，我們怎麼可能擁有呢？我們不知道佛無量無邊的智慧，只是在幫助眾生解決種種的牽纏，佛只是證顯眾生的本來面目而已。眾生本來清淨，這是一般人很難去想得到的問題，所以說如來藏處甚深，微細難知，非思量境界，智者所知，是一切世間所不能信。

第四節　覺性是眾生的普遍根據

　　有人問：「覺性存在哪裡？如果它有主體的話，與我到底有什麼關係？」這也就是說，覺性這概念是怎麼知道的呢？一般人的思考都是在一種經驗的、平面的向度當中。如我們問：「人之所以為人是靠什麼？」我們可以有幾種路向的想法。如我之所以為人，是因為我爸爸、媽媽也是人，所以我遺傳到這副長相與得到一些基本的能力。這個能力包括我有記憶、思考的能力，於是我成為一個人。也有人說是因為人具有某些基本的特性，可是一隻牛也同樣具有基本的特性。人與牛的特性當然不同，若只從這些特性上區分，是不是就能表現出人與牛價值上的差別？如果只講能力，人的視力趕不上很多動物，聽力絕對趕不上貓，跑的速度絕對趕不上狗，人當

然有比牠們強的能力，但這並不代表你絕對可贏過牠們。

　　你可以說，人的思考能力的確強過一切不含特定意義的牠，但不見得代表你比牠有價值。因為人的思考會做很多壞事，狗的思考大概不會做那些壞事，所以人有思考能力，不見得就強過動物。於是我說人有個基本能力，這能力造成了人與狗的差別，就如孟子說：「人之異於禽獸者，幾希！」孟子是說如果要從那些角度來看的話，這差別其實是沒什麼意義的，但人與禽獸有一點差別，就是人會作價值判斷，人依靠著本心而與動物有所差別。

　　本心不是指任何特定的心靈能力，也不是經驗性的概念，更不是某個遺傳得來的能力，但人靠著它可以完成作為一個人的價值。它本身不是能力的問題，而是用這樣的概念去規定人之所以為人。如果你沒有這東西就不成其為人，也就是說這是變成人的規定性概念，而不是經驗性的根據❺。類比著這意思而說，所以覺性是作為眾生的根據，而不是眾生所具有的能力。

　　中國人常用「衣冠禽獸」來罵人，這是說我否定你是一個人，因你不值得被當成一個人來尊重，它絕不是能力的問題，而是你在這個生命裡去證明那價值後，才夠資格被稱為一個人。同樣，今天作為一個眾生，你不一定能證顯覺性。如果你無法證顯，你就不能被當成眾生來尊重，就不能被當

---

❺ 這話乃是說，人是因為能實踐本心，你才配稱為人，否則你就只是個有著人的模樣的「禽獸」，所以說，人是因此而得到了「規定」。

成一個人來尊重。

今天你要被當成一個人來尊重，就要先根據這樣的價值來證明自己是個可以實現這價值的人，才能說這覺性已內在於眾生當中。根據這樣的了解，我想進一步說說在哲學上如何解析「如來藏」這概念。我想先說明在西方哲學裡本質與現象的概念如何區分，它是在什麼樣的思路上建立起來的。

我們平常大概都是在現象、經驗當中思維，而不太了解本質思考的意思。我們可以問：人作為現象世間當中的存在，人的本質是什麼？我個人有承於父母的部分特質，也有完全獨立於父母的部分，如果以佛教式的分析來說，人的存在與久遠以前的關係是以「業」的觀念相連著，透過「無明」緣「行」，接著「行」緣「識」，由「識」的執著性，把「業」全部聚攏在現實的存在之上。可是現實的存在並不等於這個「業」，於是我在哪裡可找到作為現實的人的存在呢？

作為一個現實的人的存在，「業」並不能作為人的普遍根據，因為你我的「業」不同，我可以在這經驗當中去找我之所以為人的根據，可是你的根據不是我的根據，在經驗流的過程中，找不到任何普遍的根據。

第五節　本質性思考不存在於經驗中

我們平常很容易就拿一個法則當作經驗的普遍根據，可

是現在我們要來看一個問題，在普遍上還可以加上必然性，普遍性與必然性二者在邏輯思考上，是非常嚴格的。什麼叫做「必然」?「必然」不是說我在經驗中天天看到如此，就認定它必然如此。邏輯上所謂的必然性，有個規定就是一個命題的反面是不可能的，這是個非常嚴格的規定。如太陽由東方升起，把這個命題反過來說太陽由西方升起，這件事我們不曾經驗，可是這命題的本身並不矛盾。

　　我用另外一個命題來做對比。這隻白色的筆是白色的，你會說這命題是廢話。白色的筆是白色的，你無法想像白色的筆是黑色或紅色的。於是我說這個命題具有必然性，永遠都是如此。相對而言，太陽由西邊升起這件事違反了我們的經驗認知，但是它在命題上並不是不可能。它的不可能只是經驗當中的不可能，並不是邏輯上的不可能，太陽並不是永遠必須由東邊升起。像白筆是白色的，在命題裡就已經規定它是白色的筆，它當然是白色的，這個概念是絕對的。

　　在邏輯上經常用定然與實然的概念來區分。「實然」就是在經驗當中的經歷確實如此，從古至今，太陽天天都從東邊升起，但這並不絕對保證它明天仍從東邊升起。我們可以經驗判斷它明天還會從東邊升起，但這判斷的準確度到底有多少呢?你可以說有百分之百。可是再過幾十億年之後是什麼，不知道，你可看到這兩個概念的區分非常有意義。

　　所有經驗法則都不具有必然性與普遍性，因它們是在一個特定的時空範圍之內而成立的。以這個立場來看，所有科

學家所發現的法則都只是個實然的法則，而不是必然的、定然的、普遍的法則。沒有任何一個科學家可以宣稱他所發現的是具普遍性的、必然性的定律。

那麼我從哪裡可以找到人之所以為人的普遍的、必然的根據？這裡要有一種不同的思考。在西方人看來這是個形上學的問題。形上學就是在尋找經驗事物背後的普遍、必然根據的學問，古希臘哲學家亞里士多德把這根據稱為所有事物的本質。如他說：「人是理性的動物」，重點不在「動物」而在「理性」。「理性」不是一個經驗的概念，那這概念如何產生？如何尋找？亞里士多德為了尋找這本質，於是就發展出「形式邏輯」。

這種思考並不是從任何經驗中去歸納某些現象，而是用一種逆溯式的追問方式。人如何表現為人的特性，這特性必須普遍存在於所有的人，即使今天人不存在了，它仍然是個獨特的且不同於任何其他存在的一種特性。

這根據不能在經驗當中尋找，因為在經驗當中，它就受限於特定的時空，亞里士多德用一套推理的模式發展出尋找這最後本質性根據的方式，於是他規範「人」這個概念。人之所以為人是靠著人可以運用理性，它不是任何經驗的現象，也不是從任何經驗現象裡歸納出的法則，而是一個規範性的概念。人獨立於其他一切物，用這樣的概念把人與一切物切分開來，而這切分是個永遠的、普遍的、必然性的切分。

在西方的形上學裡，亞里士多德的這種尋找方法，早已

經被揚棄。兩千多年來，尋找這東西的方式已不知變化了多少套，但整個思路卻是一貫的。很多哲學家都在發展一套思路，希望找出這個和亞里士多德「本質」之說類似的那個永恆不變的根據。而前面所提到的像孟子一般的思路便稱為「超越的思維」，就是超越於經驗，不在經驗裡歸納什麼根據或經驗法則，我們就是用這樣的思考方式來看如來藏。

第六節　佛就是發現自己本性的人

　　前面分析阿羅漢也有不能斷的煩惱，阿羅漢的煩惱是唯佛所能斷的。佛為什麼能斷？是因為佛非常聰明或他是超人？如果佛能斷，阿羅漢、凡夫不能斷，是由於佛是個超人，那所有的事就不用講了，除非你也是超人，否則你是不能成佛的。如果我們要把佛能斷一切煩惱，歸之於佛的經驗性特質的話，那麼成佛這件事便成為世間一件最偶然的事，除非你偶然地具有這種經驗性特質，否則一切免談。

　　佛所證的東西是聖諦。佛依什麼根據可以證得這聖諦？這根據是個偶然性的特質嗎？每個人都被他經驗的特質所限制，天底下有小乘人、大乘人、一闡提。小乘說一闡提是斷善根佛性的人，其實一闡提不見得是那些十惡不赦、大奸巨惡的人。

　　由中國傳統來看，一闡提就是鄉愿的人。《論語》裡講「鄉

愿，德之賊也!」鄉愿的人其實是天底下最可惡的人。表面上
這個人是好好先生，可是他不敢得罪人，會放棄一切原則來
做好人。如選舉時，我們就會看到一堆鄉愿。以平常的標準
來看他，這個人絕對是個好人，你找不到地方可以罵他，即
使你罵他，他也無慚無愧，是天底下最難辦的人。從個性上
來說，天底下有這麼多不同的個性，有些是斷善根佛性的人，
有些是小乘人，有些是大乘人，當人被他的個性所限制時，
若成佛是靠經驗特質的話，這些人便永遠沒有機會達到佛的
境界。

　　如果成佛是普遍性的話，成佛的普遍根據在哪裡? 佛的
證佛果，第一點必須排除以佛的經驗性特質來作為根據地的
論點，於是出現如來藏的思維。也就是佛是個果位，他在未
成佛前的因地已具足本性，今天他只是把這已具足的東西，
重新發現出來。所以這變成一個發現的問題，不是一個發明
的、創造的問題。佛只是最能發現他自己本性的那個人而已。

　　這因地所已具足的本性稱為「如來藏」，後來稱它為「如
來藏自性清淨心」，於是當他發現這本性而成為釋迦牟尼佛，
而我們並未發現這東西，於是佛在這意義上就從一個特殊的
個人開始普遍化。所有的人都具足了佛的種姓，佛的成佛當
然有他獨特的努力，但佛的努力過程不是個創造性的過程，
而是個發現性的過程。發現內在本身就具足的，於是就把如
來藏發展成一個普遍性、必然性的根據。佛可發現它，菩薩
可以部分地發現它，而滾在煩惱海當中的眾生根本沒發現它。

你今天能重新把它發現出來，就是走上了一條成佛之路。

　　如來藏不是去經驗佛的某一種特質，如果是這樣，成佛根本是一件沒有保證的事。我必須找到成佛的普遍性根據，那就是「如來藏」。所以它要從如來藏處說聖諦義，而不從佛的果位上說聖諦義。佛只是如實地證顯了如來藏，他與我們完全是同樣的人，不同的是他能證顯，而我們不能證顯而已。

　　如果從這裡來想，說如來藏處甚深所以說聖諦義甚深，微細難知，這樣我們就比較知道這些話不是空口說白話，因為它要扭轉一般人平常的思考，然後尋找一個非經驗性的超越根據。

　　人所以能成佛，是依靠這超越的根據，不是依靠任何經驗性的根據。這種說法，好像孟子所說的人都有本心，本心不是一個特殊的心理狀態，而是說我們在現實中的人大概都會呈現一些善端，這些善端就是由本心所發的。就如看到小孩快要掉到井裡去，當下你就會生起惻隱之心，孟子將它稱為不忍人之心，這不忍人之心的源頭就是本心的作用。

　　又如孟子與齊宣王談天，恰好有人牽一頭牛走過宮殿前，那頭牛是要殺了用血來塗鐘。牛在被拖出去斬殺時一直發抖，齊宣王看到牛發抖，便說牛好可憐，不用牛，用羊也可以啊！孟子不去與齊宣王衝突，若一般人聽了一定會說，牛與羊有什麼不同？孟子卻說看到牛發抖的那個心念就是不忍之心，是本心的呈現。

　　什麼叫做「本心」呢？孟子以為就是人之所以為人的一

個超越的根據。孟子有個「放心」的概念，這個「放」是個動詞。因為我們被欲望牽引，就忘記了這善端，忘記了從本心裡呈現出來的那一念，而這一念就是我們與禽獸基本的不同點。

如果我們要從經驗性的根據上來說與禽獸有多少差別，論生理的功能，我們很多地方不如禽獸；論心理功能，我們很多地方看起來強於禽獸，可是這些心理功能會做出無窮的壞事，可能還不及禽獸。所以孟子說：「人之異於禽獸者，幾希！」就是說從價值判斷上看，其實我們大部分時間都與禽獸一樣，所以不能在經驗的層次裡去尋找人本質的根據，而要從超越性的立場去找。每個人都可以真實地發現自己擁有這根據，只要做一點內省的功夫，誰都能發現那一念善端，而只要我們能在經驗中發現這一念善端，就意味著那超越的本心，正在作用著。

我們通常覺得孟子講「性善」是騙人的話，因為在現實的經驗裡，我們看到一大堆壞人。如果你曉得孟子講「性善」原來是根據一個特殊的基點，你就知道他說的人性不是個經驗性的，而是個超越的普遍性。擁有這個本心就是人的人性。所以，人性是會丟掉的，如果把本心重新恢復起來，你就成為一個「人」。於是孟子說人性本善，因為這本心是純善的，任何由本心而顯發念頭都一定是善的。

依據這同一個思路，我們便可以了解如來藏思想的哲學意義，而這個意義乃可以使我們理解，何以如來藏能成為頓悟法門的基礎。

空如來藏與不空如來藏

如來藏含有兩面意義——空與不空，
空如來藏顯現為空如實相，
無任何煩惱，
不空如來藏則涵攝一切佛所可以證顯的清淨功德。
兩者同時附於如來藏，
同時說如來藏的意義內在於一切法。

第一節　如來藏是因地概念

　　孟子說人性本善，他的論證是說因為這本心是純善的，而本心是人人都有的，如我們即以本心為人性的基點，那人性自然是善的。也由於如此，任何由本心而來的一念的顯發都一定是善的。「如來藏」這個概念和孟子的「本心」概念，在思路上的確十分近似（雖然內容上完全不同），所以我們可以用相同的思路來思考。於是，所有的修養及修行的功夫，也都是拉回來在這「心」上做。根據這樣的了解，則我們進一步可問，如來藏究竟具有什麼內容？

　　　　若於無量煩惱藏所纏如來藏不疑惑者，於出無
　　　　量煩惱藏法身亦無疑惑。

　　按上面的說法，我們知道如來藏是個因地的概念，是我們本來就（超越地）具足的東西。可是此處經文則表示在經驗中有很多外加的東西把它遮蓋，於是它只是個或隱或顯的問題。這因地的概念，散在眾生心中，但眾生未必一定能顯發它。

　　所以，《大乘起信論》就把這概念稱為「眾生心」，每個

眾生在因地上都是一尊佛,因為每個眾生都具足了如來藏心,但如來藏心被掩蓋了,因此大部分眾生都不是在果地上的佛。依照孟子的說法就是「失其本心」。因我們被欲望牽引,而把本心丟掉了, 佛教就說是被業力❶所覆蓋了。人世之間有無量的業力,每個人的欲望都無量無邊,如來藏在因地總是被無量的煩惱藏所纏, 就看不到眾生本具成佛的可能性。

如果我們能看到此一可能性,也就看到了眾生轉為法身的可能性。也就是說, 法身原來只是從如來藏這因地顯現出來而已,所以如來藏變成隱藏與顯現的問題,不是有沒有的問題。

> 於說如來藏如來法身不思議佛境界, 及方便說心得決定者, 此則信解說二聖諦。如是難知難解者, 謂說二聖諦義。

所有的聖諦不是從果位而是從因地上來說, 這是個非常特別的說法。其實如來藏、如來法身這些不思議的佛境界,只是把因地的如來藏心給顯現出來的境界而已。

如果我們對這個說法信解無疑的話, 就信解了把果地所證顯的東西轉回來在因地上說的這套說法。

---

❶ 佛教說人所已經做過、想過的事, 都成為一種「業」,但因為眾生都在顛倒妄想中,所以我們所做的業, 便也都成為煩惱的來源,這些業都會是一種力量, 持續困擾著我們,這就是「業力」。

這樣的想法的確是「難知難解」的。也許你會說這有什麼難解的呢？但其實你可以如此想，你真對自己有如此堅定的信心嗎？你相信你自己已從「內在」就具足了成佛的基本根據了嗎？我們平常不總是只從果位上來說佛嗎？現在為什麼改從因地上來說佛呢？

如果你仔細想想這些，也許就會發現上述思路的特殊處。下面經文乃進一步針對這一難解處，由兩種聖諦義來做說明。

第一項　阿羅漢證顯作聖諦

> 何等為說聖諦義？謂說作聖諦義，說無作聖
> 義。

它先區隔作聖諦、無作聖諦兩個概念。這兩個聖諦的意思是：

> 說作聖諦義者，是說有量四聖諦義。何以故？
> 非因他能知一切苦，斷一切集，證一切滅，修
> 一切道。是故世尊！有為生死，無為生死，涅
> 槃亦如是，有餘及無餘。

這裡所謂的「作聖諦」是對顯阿羅漢、辟支佛的境界，說阿羅漢、辟支佛所證顯的只是有作的聖諦，是有量的、有

限定相的。這是什麼意思呢？

　　我們說阿羅漢所面對的是見惑與思惑，這些惑其實是對顯著每個個體特別的、經驗性的心念而言。有些人貪心較重，有些人則瞋心較強，有些人比較會痴心妄想，每個人的狀況都不同，我們可以調伏這些煩惱而證得果位。但這樣證得的果位，是對我個人的經驗與特殊的心念而言，我的因地修行不通於你的因地修行，我的果位也不見得通於你的果位，這樣證顯的聖諦就是有限定相的聖諦。

　　所以說不是因他能知一切苦、斷一切集，而是因這時他只知道由自己為中心所輻射出的苦、集、滅、道，而不是遍知一切眾生的苦、集、滅、道。

　　在這裡可以很具體地知道什麼是有量四聖諦，無為生死是相應無明住地而引起的，涅槃也分成有餘涅槃、無餘涅槃，有餘涅槃就是指阿羅漢的由有量四聖諦所證的涅槃，由此就對顯出有個無餘涅槃。

第二項　佛證顯無作聖諦

　　說無作聖諦義者，說無量四聖諦義。何以故？
　　能以自力知一切受苦，斷一切受集，證一切受
　　滅，修一切受滅道。

　　為什麼說它是無量？因佛所斷的煩惱是由無明住地上來

斷，無明住地不像小乘是處在我與眾生對列的狀態之下斷煩惱，而是把眾生視之為一個整體，自己只是這個整體裡的一部分。

因此，所斷的煩惱與證顯的聖諦就必須要代表著眾生一起解決，這聖諦稱為無量四聖諦。這法門來自佛的自力。阿羅漢在證果過程中也是自力的功夫，而佛的自力是什麼意思呢？

大家可以想一下，眾生可不可能度盡？這個問題是不好回答的。如果你認為眾生可能度盡，這是斷見；如果你認為眾生不可能度盡，這是常見，所以這個問題不好回答。可是佛的成佛，在原則上必須肯定這法門可以度化一切眾生，且在解決煩惱的同時也代表著眾生一起解決煩惱，那麼眾生何止無量無邊，佛如何可能辦得到？

小乘法門好像是個很繁複的法門，因為要先斷八十八結使——也就是八十八種心理煩惱的類型，每一種心念生起，就得用一個法門對付它。解決一個人的煩惱就已經這麼麻煩了，如何能解決眾生的煩惱？

各位可試想，假設解決眾生的煩惱，就是把解決每個人煩惱之法門的總和加起來，那假設解決我煩惱的法門有一百個，那這世間豈不是需要一百的六十億倍的法門嗎？這豈不是法門無量？那麼法門無量是不是這個意思？

然而此處所說這無量的法門，其實只有一法門。這唯一的如來藏心法門，可以自力而成。如果成佛要靠無量無邊的

法門，在現實經驗裡那是不可能的事。即使佛在他一期生命中，也不可能應接一切法門。如果這聖諦是有量的，我去證有量的聖諦是可能的，但如果面對的是無量無邊的聖諦法門，而我們卻說可以用自力來斷一切苦。這怎麼可能？

> 如是八聖諦，如來說四聖諦。如是無作四聖諦義，唯如來應等正覺事究竟，非阿羅漢、辟支佛事究竟，何以故？非下中上法得涅槃。

八聖諦指的是作聖諦的四個加無作聖諦的四個，而如來只說四聖諦。無作四聖諦裡沒有種種法門的區別，不是如小乘須由證初禪、二禪、三禪、四禪一步步慢慢上去。

這裡有個很特殊的法門，它就是無量四聖諦。這法門怎麼理解呢？為什麼大家總會覺得大乘的法門不清楚就在這裡。

各位可以想像一下，小乘的法門可以非常清楚，大乘的法門如何能清楚呢？小乘法門只面對個人的心念去對治它，法門可以非常清楚。但大乘所要對治的東西是無量無邊的，要把每個法門都講清楚如何可能？但是他又告訴我們大乘法門非常簡單，只有一法門。一法門就是無量法門，這不是很奇怪嗎？

對於這個問題，我想可以打這麼一個比方，假設每個人都有一個冰箱，整個冰箱都灌滿水做成冰塊，我現在要把這些冰塊統統化掉，要怎麼做呢？

你也許會想，我們可以把冰塊丟在鍋子裡煮，或用熱風
吹等等。你可以想很多辦法，總之，你大概會把注意力都放
在冰塊上。但我們可不可以轉一個方式想呢？這也就是說，
化掉冰塊總要靠「熱源」，因此我能不能只把注意力放在「熱
源」上，而不必去想冰塊呢？

大乘法門解決問題的方法就是如此，它不是去想各種各
樣的方法，而是想個辦法守住太陽，所有的冰塊就會統統化
掉。我的功夫做在太陽上，不必做在每塊冰塊上。這就是大
乘法門為什麼可以說一法門即是無量法門的方法。說無作四
聖諦，面對的是無量無邊的法門，它只有一法門，但這法門
從哪裡來？

> 何以故如來應等正覺,於無作四聖諦義事究竟？
> 以一切如來應等正覺，知一切未來苦，斷一切
> 煩惱上煩惱所攝受一切集，滅一切意生身，除
> 一切苦滅作證。

如來的無作四聖諦是無量四聖諦，這四聖諦義是知一切
未來苦，斷一切煩惱上煩惱所攝受一切集，滅一切意生身❷，
除一切苦滅來作證的。如來為什麼可以知三世一切苦？

---

❷ 意生身在本經是指一種修行已深的菩薩而言,他已沒有了我們一般的煩
　惱,不再招感分段生死,但他仍有由悲願而來的惑,仍會招感變易生死,
　故稱意生身。

> 世尊！非壞法故，名為苦滅，所言苦滅者，名
> 無始無作，無起無盡，離盡常住，自性清淨，
> 離一切煩惱藏。世尊！過於恆沙不離不脫不異
> 不思議佛法成就，說如來法身。

這裡有個非常重要的概念，什麼是「非壞法」？那就是《法華經》裡所說的「世間相常住」。這說法其實是對顯小乘義而言的。小乘是在一種格局之下，先把自己與「法」做個基本的對顯，如實地去觀「法」的無常而脫離煩惱。

在這思維裡含藏著「壞法」的問題，「壞法」當然不是把世間相破掉，而是不讓世間相沾染到身上。依照大乘精神，我就在眾生之中，在一切「法」之中，做為「法」當中的一分子，我不可能壞了「法」而來成就自己。苦滅不是在「壞法」的情況下成就的。而什麼叫做「苦滅」呢？

他說：「無始無作，無起無盡，離盡常住，自性清淨，離一切煩惱藏」，事實上這些都在描述如來藏，它不必有始，不必去做它，因它本具在眾生心中。

它也無所謂「起」，也無所謂「盡」。儘管在因地上它被煩惱障所覆蓋，但它是常住的，永遠自性清淨，離一切煩惱障，這就是苦滅。不是去滅任何法，而是把如來藏心如實地顯現出來，就叫做「苦滅」。

整個法門只是如此，如實地呈現如來藏心而已，當如來

藏心脫離了煩惱障的纏縛之後，它就是如來法身❸。這很清楚地顯現出大小乘法門的不同所在。

由此，也就回答了前面那個「難知難解」的問題。大乘的一法門即無量法門，即是通過由因地來說佛，守住這因地之佛，讓它不為煩惱所纏，這個因地之佛自然可以化掉一切冰雪，所以也就不必去說無量法門，而自然能涵蓋無量法門了。既是只求守住這因地之佛，那自然也沒有「壞法」的問題。

所以，這個法門是簡易而直截的，但它的力量也是極大的。明白這點，則如來藏的內容也就清楚了，它就具足了無量無作的四聖諦。以下則又進一步說明這一內容。

第二節　空如來藏與不空如來藏

> 世尊！如是如來法身，不離煩惱障，名如來藏。世尊！如來藏智，是如來空智，世尊！如來藏者，一切阿羅漢辟支佛大力菩薩，本所不見，本所不得。

---

❸ 如來法身這個名詞，乃是一種類比方式的說法，當佛已完全證得「空」的意義時，他就完全自在了，這就是「如來」，而我們如何描繪這樣的「境界」呢？這就是「法身」一詞的由來。它並不是說如來真有一個身體，而是說它已表現出了法的「實相」，法的「意義」。

　　我們去煩惱而顯如來法身，可是如來法身是不離開煩惱障的，這種不離開煩惱障的如來法身，稱為「如來藏」。

　　這正是說明如來藏與如來法身的關係，是因地與果地的關係。在因地時叫「如來藏」，在果地時叫「如來法身」。於是我所有的法門，就是在因地上顯現如來藏，而不直接去對治種種的煩惱相，那麼，這法門的具體內容是什麼呢？如來藏為什麼有那麼大的威力？

　　原來它就是如來空智，就是前面所說的如來聖諦，其內容就是觀察到一切法的空如實相。如來藏本來就是因地上所說的如來法身，所以如來的一切智慧就是如來藏的一切力量。這智慧是一切阿羅漢、辟支佛、大力菩薩本所不見、本所不得的。

　　　世尊！有二種如來空智；世尊！空如來藏，若
　　離若脫若異一切煩惱藏；世尊！不空如來藏，
　　過於恆沙不離不脫不異不思議佛法。

　　這個意思是說如來藏含有兩面意義──空與不空。如來藏是在因地上而說聖諦，聖諦的內容其實都原已具足在它身上，當證顯四聖諦後，便說真正最關鍵的是滅諦，其他三諦都是用來顯示這一諦的。滅諦的內容就是證一切法的空如實相，叫做「空如來藏」。

空如來藏就是若離、若脫、若異一切煩惱藏。滅諦也是與一切煩惱斷開，因為它已顯現為空如實相，無任何煩惱，它就是如來藏在因地上某一面的內容。

但這空如實相不是只有空空的空如實相，而是具體地扣著佛所曾經圓滿修行過了的一切法，於是當這兩者相加時，一切法統統轉成清淨的功德，這時法的意義轉成功德的意義。在圓修一切法，統統證顯為空如實相之後，它才轉成功德的意思，由這一面而說「不空如來藏」。

當然你會問，為什麼要從這一面來說如來藏的內容呢？這主要是因為既然已經轉由因地上來說佛，如來藏是因地上的佛，而佛是有能力來度化眾生的。

因此，這個如來藏自然也要有一個內在的力量，它足以涵攝一切佛所可以證顯的清淨功德。這也就是說，連清淨功德也都把它「因地」化了，讓由「因地」而說的清淨功德，也一併歸給了如來藏。

於是綜合地來說，滅諦的內容事實上包含著兩個方面，一方面是一切法的空如實相，另一方面是一切法轉成清淨的功德。佛不是在山巔水涯來證顯空如實相，而是必須內在於一切法，把一切法清淨化，轉成為功德。這兩個面向同時附於因地的如來藏，同時說如來藏的意義內在於一切法中。

所以，一切法原則上都必須是佛法。也就是說，如果我們能把如來藏證顯出來的話，也能證顯一切法皆是佛法，都是清淨的功德相。

　　這當然更進一步強化了所有法門都只在顯發如來藏心。當如來藏心一顯發，一切法就自然清淨。問題就在於如來藏心如何顯發？在這裡我們可以看到顯示空如來藏與不空如來藏的意義。

> 　　世尊！此二空智，諸大聲聞能信如來。一切阿羅漢辟支佛空智，於四不顛倒境界轉，是故一切阿羅漢辟支佛，本所不見本所不得。一切苦滅，唯佛得證，壞一切煩惱藏，修一切滅苦道。

　　這兩種空智就是空如來藏與不空如來藏，是諸大聲聞才可以信的，一切阿羅漢、辟支佛的空智，只能在四不顛倒的境界裡轉，也就是離四顛倒——以為無常即為常、苦即為樂、不淨即為淨、無我即為我——而二乘除掉的則是在自己心念上所起的種種顛倒境界。

　　可是如來藏的智慧功夫不是用在那種種顛倒見上，而是用在如何守住如來藏心上。這兩種法門根本上的區別是，如果我要去對付煩惱，煩惱無窮無盡，我根本對付不了，我只要把心拉回來專注在如來藏心上，一切法門就可完成。

　　因這法門功夫不用在煩惱上，所以一切阿羅漢、辟支佛看不到，只有佛能滅一切苦。煩惱藏只是隱覆在如來藏上，我們只需如實去證顯如來藏，把它顯為如來法身。如把黑板上的東西擦掉，黑板本來的面目就顯現出來了。所以唯佛能

夠證得，能壞一切煩惱障，修一切滅苦道。

第三節　滅諦即是如來藏的顯現

> 世尊！此四聖諦，三是無常一是常。何以故？
> 三諦入有為相，入有為相者是無常，無常者是
> 虛妄法，虛妄法者非諦非常非依。
> 是故苦諦集諦道諦非第一義諦，非常非依。一
> 苦滅諦，離有為相，離有為相者是常，常者非
> 虛妄法，非虛妄法者是諦是常是依，是故滅諦
> 是第一義。

　　滅諦就是如來藏的顯現，因為它所有的內容已經具足在如來藏裡，所以它是「常」的顯現。如來藏是在因地上說的，在果地時就是滅諦。

　　如來藏顯發出來就是聖諦、滅諦、常，其他的都是無常，都只是種種方便的說法。要觀苦諦、觀集諦，然後修三十七道品，最後證滅。要透過種種的觀法而來，這些觀法當然都還是可以說的。但這裡他說這些法門只是個方便，而他所有的法門就是如實地觀這個如來藏。

　　換言之，一切觀法皆只是一種觀法，而這一種觀法，也就涵攝了一切觀法。這一切觀法皆只是方便地指向如來藏的

顯示，它顯示而為滅諦。

　　因此，這法門非常特別，它說不必講四聖諦，原則上講只有一諦。苦、集、道三諦都是入有為相，入有為相則無常，無常是虛妄法，這是就最究竟的立場而言，它們是因為對顯著最後的滅諦而說為無常、虛妄，這也就是說前三諦並不真是虛妄的顛倒見，這點當然還是該澄清一下，以免誤解。

　　既然是方便，就不能當成真正的諦、常、依止處，於是就直接在滅諦上做功夫，如實地顯現如來藏。所以這法門非常特別。它說離苦滅諦有為相，離有為相者是常，因為苦滅諦是如來的顯發，如來藏本身就是如來的空智，就是聖諦，所以它是常而不是虛妄法，所以它可以是諦、常、依止處，所以說滅諦是第一義諦。

　　滅諦就是如來藏的顯現而已。小乘教理講四諦，結果這裡又否決苦、集、道三諦，為什麼可以這樣呢？如果你懂得如來藏的話，就可知道整個法門不必去面對世間苦集的實相，不必去對治這種種的煩惱，直接當下從如來藏心上著手。這自然是直截的金剛手段，是不可思議的，以一法門而涵攝一切，當可看出如來藏的大威力。

　　　　不思議是滅諦，過一切眾生心識所緣，亦非一
　　　　切阿羅漢、辟支佛智慧境界。

　　這是從種種的煩惱相中來觀。小乘教義基本上主張一切

眾生隨著心識所緣才起現種種煩惱相,我對治它就可以證滅,但現在他說不要從一切眾生心識所緣做起,這是超越一切眾生心識所緣的說法。這說法很不可思議。

　　因為這滅諦的講法與阿羅漢的觀法根本完全不同。阿羅漢是在對治煩惱相上顯出智慧,可是現在所講的這法門,不是在對治煩惱相上顯智慧,而是如來就著所證顯的滅諦獲得智慧。

第一項　顛倒眾生持邊見、常見

> 譬如生盲不見眾色,七日嬰兒不見日輪。苦滅
> 諦者亦復如是,非一切凡夫心識所緣,亦非二
> 乘智慧境界。凡夫識者,二見顛倒;一切阿羅
> 漢、辟支佛智者,則是清淨。

　　他說這樣的智慧不是一切凡夫心識所緣,也不是二乘的智慧境界,因凡夫識者都是在二見顛倒❹當中,而即使對比於凡夫之顛倒,二乘的智慧已可說是清淨了,但因二乘人還看不到如來藏,因此,二乘的清淨還是遠遠不足的。

――――――――――――

❹ 所謂二見顛倒,佛教認為各種偏執的看法,都是不對的,這些看法例如「常與斷」「生與滅」等等,我們如果了解到一切都是「緣起」,那就不會認為世間一切事物會「常住不變」,但世界也不會永遠消失。所以任何類似的偏見,都是一種「顛倒」的看法。

> 邊見者，凡夫於五陰，我見妄想計著，生二見，
> 是名邊見，所謂常見斷見。見諸行無常，是斷
> 見，非正見；見涅槃常，是常見，非正見，妄
> 想見故，作如是見。於身諸根，分別思維，現
> 法見壞，於有相續不見，起於斷見，妄想見故。
> 於心相續愚闇不解，不知剎那間意識境界，起
> 於常見，妄想見故。此妄想見，於彼義若過若
> 不及，作異想分別若斷若常。

　　這都是小乘在分別種種顛倒見的過程當中所有的，相對
於凡夫的斷、常二顛倒見，阿羅漢、辟支佛智可以不落顛倒
見，而是有著清淨智。

> 顛倒眾生，於五受陰，無常常想，苦有樂想，
> 無我我想，不淨淨想。

　　顛倒見的眾生對於五受陰（五蘊）的種種生死法，產生
種種顛倒見——無常為常、苦為樂、無我為我、不淨為淨。

> 一切阿羅漢辟支佛淨智者，於一切智境界，及
> 如來法身，本所不見。

　　阿羅漢、辟支佛的淨智可以對付眾生的種種顛倒見，但卻看不見真正的如來法身（因為真正的如來法身只能從無作四聖諦而說，二乘卻只能見有作四聖諦）。看不見他本具的如來藏心，這說明阿羅漢、辟支佛的淨智在這點上是不足的。

第二項　如來藏是常、樂、我、淨

> 或有眾生信佛語故，起常想樂想我想淨想，非
> 顛倒見，是名正見。
> 何以故？如來法身，是常波羅蜜，樂波羅蜜，
> 我波羅蜜，淨波羅蜜。於佛法身作是見者，是
> 名正見，正見者是佛真子，從佛口生，從正法
> 生，從法化生，得法餘財。

　　這裡所講的常、樂、我、淨，不是眾生的指「無常」為「常」、指「無我」為「我」，而是指針對「如來藏」說它是常、是樂、是我、是淨，所以說這是正見。你若把「法」當成是常、樂、我、淨，這當然是顛倒見，可是你把如來藏當成是常、樂、我、淨，就不是顛倒見。為什麼呢？

　　如來藏本具於眾生之中，它是由因地而說的佛，它當然是常、樂、我、淨。如來藏自性清淨心，如來藏本來就是我，所以在經典上也曾說如來藏我。

　　如來法身因為只由那本具的如來藏顯發，如來藏本身是

常、是樂、是我、是淨,所以它顯發出來的如來法身是常、是樂、是我、是淨。法身與如來藏是「一」,這個「一」是指內容意義的「一致」而不是形式上的一樣,現實上,當然如來法身不是如來藏,在因地上說如來藏,在果地上說如來法身。如果我可以用常、樂、我、淨看待佛的法身就是正見。

在大乘佛教裡,建立起法身常、樂、我、淨的概念這點非常重要。《涅槃經》裡也講涅槃是證常、樂、我、淨,在小乘教義裡絕對沒有常、樂、我、淨這種說法。大乘教義裡為何可以出現呢?因它主張本具如來藏,於是便可說常、樂、我、淨,這代表著系統的不同。

如來藏為一切所依

世間的一切依止都依止在如來藏上，
連「生死」也是如此。
但如來藏本性清淨，
為何會生出「生死」來呢？
如來藏是清淨的還是染污的？
若是清淨就不該有「生死」；
若是染污，
又如何成為如來藏？

第一節　第一義依是滅諦

> 世尊！淨智者，一切阿羅漢辟支佛智波羅蜜。
> 此淨智者，雖曰淨智，於彼滅諦尚非境界，況
> 四依智！何以故？三乘初業不愚於法，於彼義
> 當覺當得，為彼故，世尊說四依。

　　一切阿羅漢、辟支佛的淨智都只是對顯著眾生的顛倒見
而說，滅諦就等於如來藏的顯現。也就是說，一切阿羅漢、
辟支佛也以之為依，但阿羅漢、辟支佛所顯的「法」其實是
不究竟的，他們所顯的四依智❶當然也不究竟。

　　大乘精神提出一個與小乘義不同的東西。如果人根器大，
直接就可從大乘入手，這當然沒問題，但若是碰到根器小的
人該怎麼辦？這個大乘法門不是所有的人都能信受奉行，所
以大乘智慧始終還要說小乘是個方便教，它並不否定小乘教
義的可行性，但只是把它當成方便教。

　　在這個立場上說「三乘初業不愚於法，於彼義當覺當得」。
也就是於佛的究竟義終歸能覺能得，但為了方便接引人，可
以說種種的小乘智慧。

---

❶ 四依智乃是指「依法不依人、依義不依語、依了義不依不了義、依智不
　依識」這四智。

世尊！此四依者，是世間法。世尊！一依者，
一切依止，出世間上上第一義依，所謂滅諦。

　　這「四依」不是究竟的法門，究竟的法門只有「一依」，
只依止於滅諦。事實上就是依止於如來藏這個法門而已。
　　我們要依止的也只是眾生內在本具的如來藏心而已，不
是依止於任何外在的東西上，依於任何其他之義都只是方便。

第二節　生死依於如來藏

世尊！生死者，依如來藏；以如來藏故，說本
際不可知。世尊！有如來藏故說生死，是名善
說。

　　世間的一切都依止在如來藏上，連「生死」也是如此。
可是這裡問題就來了，我們試想如來藏本性清淨，若「生死」
也依止如來藏，如來藏為何會生出「生死」來呢？那麼如來
藏是清淨的還是染污的？如果如來藏是清淨的，就不該產生
「生死」。如果如來藏是染污的，如來藏如何還能成為如來藏？
　　前面說如來藏是眾生可以成佛的超越根據，因我們本具
如來藏心，所以可以進入佛的世界。佛的世界已經內在於心

了，可是現實的眾生都還在生死中。那這生死法從哪裡來？

這個命題可借用另外的方式來問 —— 世間有善有惡，「善」來自哪裡？孟子說「善」來自於本心。那「惡」來自於哪裡？同樣地，「惡」也要來自本心。那本心為何會產生「惡」呢？如果本心可以產生「善」，也可以產生「惡」，那本心何時產生「善」，何時產生「惡」？「惡」從那裡來？

假如你說「惡」不應來自本心，那我們可不可以如此想：「惡」可不可能由另外一個超越的源頭而發。但若是如此的話，那這「惡」豈不就變成我們本具的，就永不可能除掉了嗎？

第一項　惡不能成為超越性根據

歷來所有道德哲學的討論，碰到這問題都非常頭痛，我們無法想像有個「惡」的超越根據，但現實裡確實有「惡」的存在，可是它不該是個永恆的存在。如果「惡」是永恆的存在，那麼罪惡之神撒旦便會變成這世界的另一個主宰，會毀滅世界。

我用一個很簡單的邏輯來說。甲可以把乙殺掉，假設這是一個法則的話，它就必須准許乙殺丙也是對的，於是無窮的邏輯推演下去，變成最後那個人也可來殺甲，最後他自我毀滅。所以當「惡」成為法則時，必然造成整個世界的毀滅。如我可以去騙人，這若當成一個法則的話，我就必須允許別

人也能騙我。

　　於是你會看到如果有任何惡法則成立，就會造成自我毀滅。所以說這世界不可以有惡法則，否則這世界最終會歸於毀滅。

　　所以，沒有任何一個道德哲學會去假定有個惡法則的存在，因為最後依這個假定會導致自我毀滅。德國最偉大的哲學家康德曾分析這問題，他說人的「惡」有幾個根本源頭。如天底下為什麼有那麼多壞事呢?它通常來自人心中的怯懦、縱容、不敢堅持，沒有意願去持守善的法則，於是造成「惡」。看到有人亂插隊，我們不敢講話，於是你就縱容了一個人去使壞。當他會插第一次隊，就會插第二次隊，然後就會搞得天下大亂。

　　怯懦是造成人行惡的很重要來源,但你並不必然要怯懦,它不是一個法則，而怯懦本身其實也無所謂「惡」，某些時候怯懦是必要的。如子路是個莽漢，孔子有次罵他是暴虎馮河，然後孔子說他喜歡那一種臨事而懼、好謀而成的人。「臨事而懼」表象上是不是很像一種怯懦? 所以說某些時候怯懦也是需要的，碰到事情不要那麼莽撞，要停一步看一下，把事情看清楚再做，所以怯懦本身無所謂對錯，它不是一種罪惡，但怯懦往往會縱容罪惡。

　　另外，康德也提到另一種「惡」的根源，那就是偏執。例如小孩特別會偏執，你叫他往東，他就偏往西。但其實偏執本身也無所謂罪惡，可是人心裡就是會故意跟人彆扭。這

一點就會造成「惡」。例如你叫我不要隨便丟垃圾，我偏故意把衛生紙掏出來到處亂丟。你叫我不要做什麼，我偏一定要做什麼，這在日常生活裡就能體會。

在日常生活中有太多使性子的情況，這些本身無所謂「惡」，但是它就有可能形成大問題。要知道無論怯懦或偏執，都不能說是為惡超越的根據，你可以不偏執、不怯懦，某些時候也要有點固執，孔子說：「擇善固執。」

執著是不好的，而固執並不是完全不好，它本身不是罪惡。只是在我們經驗中，觀察「惡」的來源，可能只是鬧彆扭。尤其今天我們經常是在年輕人愛鬧彆扭的過程中，把他們硬逼上做惡之途，你叫他讀書，他就偏不讀書，一遇考試就完了，他心裡慌了，老師罵了，爸爸媽媽也罵，他乾脆再更彆扭一點，愈彆扭就愈反彈。你不要他吸毒他偏吸給你看，說穿了，只是鬧彆扭。

我們說「惡」不能有超越的根據，但如果沒有這一根據，「惡」從哪裡來？依照這裡的講法，生死煩惱從無明、行業而來，我們經常在無明前加「無始」兩個字，就是說在這條時間流中，不知從何時開始，突然之間迷糊掉了，因為這個迷糊就造成了種種問題。說它從無始無明而來，只是說明「惡」是經驗當中不容否認的事實。但不知道它究竟從何時開始，且它又不能有個超越的根據，那這東西究竟怎麼來的？

依照西方哲學的說法，「惡」是一種「善」的缺無。「惡」不能有獨立的根據，「惡」必須有來處，「生死」也必須有來

處，於是把來處歸本到如來藏。這樣歸本究竟說明了什麼問題呢？

　　首先它說明生死法沒有獨立的超越根據。若它有獨立的超越根據，生死法就變成永恆的東西而不可斷。如同我們說惡法一有獨立的根據就會變成為自我毀滅的力量一般。生死法在經驗當中是個不可知的現實存在，不知它從何處來，也不知它會往何處去。為什麼要說「以如來藏故，說本際不可知」呢？生死法有個依止處，並不是指它在時間當中有個來源處，而是指一個超越的依止處。

　　這句話告訴我們如來藏是在超越的層次上而說的，並非在經驗的層次上，是指經驗來源的本際❷不可知。這並不影響生死法在時間流當中，以如來藏作為依止，因這並不是在經驗的立場上說的。又說「有如來藏故說生死」，生死法既在經驗的層次中不可知，那麼要如何去了解它？如果它在超越的根據上也不可知，就會變成一團迷糊，於是要說它有個依止處。但生死法又不能有獨立的依止處，於是必須要靠「如來藏」這個概念，才能懂得生死法，才能講清楚，所以他說「是明善說」。

　　我想用比較簡便的方法來做區隔，就是生死與涅槃、染污與清淨、生死法與清淨法的對舉，它們的差別性到底在哪裡？

---

❷　「際」是佛教的用語，它表示時間這個座標，如「過去際」，指過去的時間，「未來際」就是指未來。所以「本際」就是指時間的開端。

　　如果我們借用唯識學的概念來說明，一切法皆是依他而
起，沒有所謂的清淨與染污，法是因「遍計執」而成為染污
的。去除「遍計執」，恢復「依他起」原來的面目就稱為「圓
成實」。一切的生死法會染污，其實是來自於我們把「依他起」
加上「遍計執」，執持過去的業或現在諸根所對的境。說清淨
法依止於如來藏，清淨法的根據就在這地方。

　　事實上，就是切掉「依他起」和「遍計執」的這個連結
點，讓它恢復原來的面目。生死法其實是「依他起」和「遍
計執」兩者的相加，而就「法」本身而言，生死法與清淨法
不是兩種法，只是對「法」的兩種態度而已。

第二項　清淨法與生死法皆依止於如來藏

　　以這立場而說清淨法可依止於如來藏，生死法也可依止
於如來藏，這兩種法同時歸本於如來藏。但問題是，如來藏
既同時作為生死法與清淨法的根據地，那麼如來藏已經顯發
呈現的究竟是清淨的還是染污的？你當然不能說由如來藏生
起染污法。

　　所以，要解決這個問題，你只能說，如來藏為一切法的
依止。但這一切法卻可能因我的態度，而成兩種法。這時問
題自然不在如來藏，因為在如來藏立場上並沒有兩種法，而
是由於我的態度才有兩種法，是以問題乃在於我的態度上。

　　因此，在如來藏立場上，你不能把生死法與清淨法當成

是兩種法。如來藏要能同時作為它們的依止處，生死法本身並不離如來藏，但它畢竟又是一個染污性的原因，是一個不可知、虛妄不真實的東西把如來藏蓋住了。

以此而言，所有執著的產生其實都是一個荒謬，但它卻也是存在的事實。這東西本來無根而來，也會無根而去，可是當它變成事實時，我們就有個責任要把莫名其妙蓋上來的煙霧掃掉。

這一整段話其實只是在表達這樣的意思，否則你如何去理解生死法也依止於如來藏。因為有了如來藏，所以生死的源頭基本上來自於無明，無明根本是個無根的、虛妄的、荒謬的東西。

> 世尊！生死生死者，諸受根沒，次第不受根起，
> 是名生死，世尊！生死者，此二法是如來藏。
> 世間言說故有死有生：死者諸根壞，生者新諸
> 根起。非如來藏有生有死，如來藏離有為相，
> 如來藏常住不變。是故如來藏是依是持是建立。
> 世尊！不離不斷不脫不異不思議佛法。世尊！
> 斷脫異外有為法依持建立者，是如來藏。

這樣給「生死」下的一個定義，說「此二法是如來藏」，也就是說這樣的生死是不離開如來藏的。接著又說如來藏本性清淨，無所謂生與死，它只有一個隱或顯的問題，因它離

有為相，常住不變，內在於一切佛法中，包括生死法，所以可以成為依止處。

我們無法到外面去找到任何依持，只能在如來藏上尋找到它的依止處，因為如果能在常住之外的地方找到生死法的依止處，它就會變成一個永恆性的「法」。可是如來藏沒有「生死」，「生死」的起處就不能是如來藏，但這「法」可依止如來藏，也就是說世間的一切法，包括生死法在內，全都是佛法。

「世尊！若無如來藏者，不得厭苦樂求涅槃。」這是說如果生死法不依止於如來藏，它就會變成一個永恆的東西，這就像如果惡法有獨立的依止處，那麼惡法就無法消除一般。

第三節　如來藏永恆常住

何以故？於此六識及心法智，此七法剎那不住，不種眾苦，不得厭苦樂求涅槃。世尊！如來藏者，無前際，不起不滅法，種諸苦，得厭苦樂求涅槃。

他又說六識加上心法智（末那識）等的七法剎那不住，不種眾苦。因為如果由這七識所起的執著相具有永恆性，那這些執著相哪裡還能叫做「苦」呢？哪還能厭離呢？也就是

說，識的執著性變成永恆，那麼任何對付它的方法就談不上了，就不能稱它為「苦」了。如果撒旦具有永恆性，他的徒子徒孫絕對不會稱他為壞人，因為排斥不了它。

如來藏當然無前際，因為它是普遍性的、超越的根據，根本無法在時間流上來看它，它無所謂前際、後際，所以如來藏是個永恆、常住不變的東西。因為有如來藏的清淨，才能對顯出生死法的「遍計執」的苦。由如來藏的緣故才能種諸苦，因為有苦才能厭苦，求取涅槃。

這點可用一個很簡單的方法來說，如果天底下沒有好的東西，你就不能把壞的東西稱之為「壞」。「好」與「壞」是一組對顯出來的概念，清淨與染污也是如此。我們必須真實地建立如來藏清淨的概念，才能對顯出生死的染污性。

> 世尊！如來藏者，非我、非眾生、非命、非人。
> 如來藏者，墮身見眾生，顛倒眾生，空亂意眾
> 生，非其境界。

「非我、非眾生、非命、非人」這是在眾生眼光下所看的我、眾生、命、人，是在顛倒見當中指「無我」為「我」者，而如來藏是常、樂、我、淨，但這不是在顛倒見之下的常、樂、我、淨。所以如來藏是墮身見的眾生與顛倒的眾生無法明白的境界。

> 世尊！如來藏者，是法界藏、法身藏、出世間
> 上上藏、自性清淨藏。

如來藏是法界藏、法身藏。「界」是「因」義，發心修行
及成就無漏功德法，都依於如來藏。如來藏為一切清淨法因，
又以法空性為所緣境，引生無漏功德法，故稱為「法界」。如
來藏之顯是約果來說的，就是顯為法身。所以說它是法身藏、
出世間的上上藏、自性清淨藏。

> 此自性清淨如來藏，而客塵煩惱上煩惱所染，
> 不思議如來境界。何以故？剎那善心，非煩惱
> 所染；剎那不善心，亦非煩惱所染。煩惱不觸
> 心，心不觸煩惱，云何不觸法而能得染心？世
> 尊！然有煩惱，有煩惱染心，自性清淨心而有
> 染者，難可了知。

自性清淨的如來藏居然被客塵煩惱、上煩惱所染。也就
是生死相加到如來藏上，這是如何加上去的？他說是「不思
議如來境界」。這裡有個不可思議性，這說明生死法插進來是
不可思議的。為什麼這染污會加上去，又不影響它的清淨呢？
染污是我們經驗中都知道的事實，可是誰知道它又是怎麼來
的呢？

他用善心與不善心來類比自性清淨如來藏。我們會起剎

那之善與不善的心念，它們是怎麼來的？

　　這裡談的是個自主性的問題，就如同若我們說善、不善的心念具有自主性，那麼它們就不是由煩惱所引起的。若善與不善心是由煩惱引起，那就表示它無法自主。那麼，如果自性清淨的如來藏是自主的，就不該被煩惱所動搖；可是煩惱畢竟又加上去了，於是他說煩惱不該觸心，心也不該觸煩惱，這兩者之間其實原本應該沒什麼關係。可是為什麼說「不觸法而能得染心」？為什麼清淨的如來藏，在現實裡卻變成染污的，這的確是個永恆的問題。

　　然而，我們知道現實上的確有煩惱染心，於是他說「自性清淨心而有染者，難可了知」。「難可了知」指的是染污插進來是荒謬的、不可思議、莫名其妙的，無明沒有任何一點真實性，只有清淨才有真實性。

　　所以，不必在那些沒有真實性的地方用太多的力量，我只需要護住如來藏心，那莫名其妙的東西自然就不見了。就如說掃除黑夜的方法就是讓太陽出來，無明是虛妄的，最後總會過去。

> 惟佛世尊，實眼實智，為法根本，為通達法，
> 為正法依，如實知見。

　　「如實知見」即是指勝鬘夫人所開演的「如來藏」概念。

勝鬘夫人說是難解之法問於佛時，佛即隨喜：
「如是如是，自性清淨心而有染污，難可了知。
有二法難可了知：謂自性清淨心難可了知，彼
心為煩惱所染亦難可了知。如此二法，汝及成
就大法菩薩摩訶薩乃能聽受，諸於聲聞，惟信
佛語。」

　　如來藏的這種思維，的確很難令人相信。「難可了知」是
指無明本身根本是荒謬的事，所以難可了知。

　　在這裡我們可以看到勝鬘夫人表達了一個很特殊的境
界、特殊的法門。他只從滅諦一個角度上去理解整個佛法，
然後開演出「如來藏」這個法門。

攝受正法是攝受如來藏

攝受正法就是攝持如來藏心，
如來藏心就內在於所有眾生心中，
顯發如來藏心就可以解決無明住地煩惱，
菩薩即悲願行六度萬行，
貫徹如來藏心，
成熟眾心。

　　勝鬘夫人所說的法門是直接從佛的證悟、佛的聖諦這角度來規範的。他以此來思考佛為什麼可以成佛的原因。他以為佛之所以能成佛，是因為佛只是朗現了一切眾生本具的成佛的超越根據，而眾生只要能如佛一般地顯現內在本具的如來藏心，就能如佛一樣證顯滅諦，可以對付世間的一切煩惱。

　　為什麼勝鬘夫人會說只靠信解這個心念，就可以對應一切世間無量的煩惱呢？小乘的法門那麼多，但卻只能處理個人身上的煩惱，而我們現在把煩惱的面相擴張得那麼大，卻又說只要一個法門就可以對付得了。為什麼可以如此說？這需要很多修行上的體會，這就需回頭來談勝鬘夫人的修行，他以什麼立場來講十大受、三大願。

第一節　如來藏與梵我思想

　　如果依照《楞伽經》的說法，當初會提出如來藏思想本就是為了接引外道的「梵我」❶。當時外道的「梵我」說有很大的勢力，為了接引那些相信「梵我」的人也能證諸法本空的真理，所以方便構造出了如來藏的說法。可是為什麼外道的「梵我」說會具有這麼大的力量？為什麼它可以迫使佛學的發展方向必須要處理這個問題？

❶ 梵我乃是婆羅門教的一個重要概念，婆羅門教認為人都有一個永恆常住的自我，即是梵我。

第一項　大乘教以「空性」為第一對象

　　其實，我們可從一個觀點來看，從小乘教發展到大乘教，基本上方向已有所轉移。小乘教所針對的對象是眾生個別的煩惱相，但是大乘教開始不再以煩惱為它第一個對象，而是以「空性」為第一對象。

　　小乘教的發展中，無論是三法印、四諦、十二緣生，都是從煩惱講起，可是般若學❷不將重點擺在分析眾生的煩惱是如何生起，它只是提供一個法門，以當下證悟諸法的本來空性，這種空宗式的判教是從「體法空」❸的立場來說。

　　而在唯識系統裡也非常注重如來藏概念，它解釋煩惱是從識的執持性上而說，主要是講轉識成智❹，這與現在講的如來藏心的概念不同。唯識所說的如來藏乃是指空性之理。

　　整個佛學的任何一個系統都必須分析煩惱，但著手處卻

---

❷ 般若即是智慧之義。而般若學一般即是指依般若經而說的一套學問，主要的代表人物乃是龍樹菩薩。

❸ 體法空的體是「體悟、體證」的意思，它通常是對小乘教的「析法空」而言。小乘人常以分析的方式來了解諸法本來是無自性的，但空宗的教法認為這種方式比較「笨拙」，它乃另說了一套教法，也就是以龍樹菩薩在中觀等書中的方式，來直接體會諸法本空的道理。

❹ 識是指一種「執持、了別」的能力，依佛教，識正是造成煩惱的最重要問題所在，所以佛教許多教說，都在處理識的問題，希望能將識除掉，而轉成智慧，這叫做轉識成智。

有很大的不同。空宗、唯識學與小乘學都有非常密切的關係。分析煩惱當然是著重點，但在哲學上來說，最後則都要朝向確立「空性」這個具普遍義的概念之路上走，不能只針對煩惱來分析，尤其小乘教針對眾生個別的煩惱相，就很難分析出普遍義來。

如婆羅門教義一步步哲學化的結果，就出現「梵我」這個概念，其實也是來自於理論本身普遍化的要求。佛學不得不對應這樣思維上的要求，於是提出一個普遍性的問題，這就是大乘與小乘佛學最大的差異。

第二項　以「如來藏自性清淨心」表示「空性」

如來藏系統的出現也是為了把「空性」的普遍義提煉出來，只是它的提煉方式和空、有二宗不同。像般若學提出「空性」的普遍義，只在般若智妙用的層次上來分析「空性」本身，只是以般若來觀諸法緣起實相。但在如來藏系統則有另外的思考，那就是對應外道的「梵我」，而提出「如來藏我」的概念。

它是如何把這思路普遍化的呢？那就是認為佛所證顯滅諦的內容，乃是原來就具有普遍意義的內容，不是佛個人特出的能力，是屬於眾生原本就已具足的能力，普遍化後做成

「如來藏自性清淨心」這一概念，然後以這概念表示「空性」。

　　所以，如來藏看起來很像外道所說的「梵我」，因「梵我」也是內在本具的，可是二者最大的不同是在如來藏心的證顯。如來藏有空如來藏與不空如來藏的兩面意義，當如來藏心證顯後就是如來法身，還未證顯時雖帶著煩惱相，但只要證顯了它，它就恢復清淨的身分。因此以這意思來說，並不會落入「梵我」的懷疑裡。

　　當然這樣的觀點，對「空性」而言是不是最好的描述，這是可以質疑的，這在哲學上的討論確實非常多。如從民國初年的南京內學院開始，歐陽竟無、呂秋逸先生等人認為唯識才是印度佛學的最高發展，南京內學院與熊十力先生的衝突其實就是針對這一點，也就是內學院的學者非常反對如來藏的說法，認為它有墮入「梵我」的嫌疑。據我所知印順導師的觀點是回歸於空宗，內學院的觀點是以唯識為重，這確實是個可以爭論的哲學問題。

　　我個人也不認為如來藏是最究竟的說法，雖然它的境界與能對治的問題要遠超過小乘學，甚至超過空宗，但我覺得如來藏也只能當作是方便說，這是我個人的看法。

　　不過，由於這問題不是我們現在所談的主題，因此我也不擬多說。因此，我們還是回到原來的問題，來看看勝鬘夫人的修行，以及他說十大受、三大願的立場。

第二節　十大受攝持律儀

爾時，勝鬘聞受記已，恭敬而立，受十大受。

世尊！我從今日乃至菩提，於所受戒不起犯心。

世尊！我從今日乃至菩提，於諸尊長不起慢心。

世尊！我從今日乃至菩提，於諸眾生不起恚心。

世尊！我從今日乃至菩提，於他身色及外眾具，
不起嫉心。

世尊！我從今日乃至菩提，於內外法不起慳心。

　　照以上的經文來看，勝鬘夫人幾乎是立刻受戒、發願，這實在非常殊勝，當然這都是在他禮敬、領悟的基礎上來進行的。而如果我們要想知道他到底領悟了什麼，便得先知道他是以什麼方式來持戒的。

第一項　小乘持戒的基本思考態度

　　小乘講戒、定、慧三學一定從戒開始，大乘也講戒，二者到底有什麼不同？勝鬘夫人所受的十大受，內容大體上與小乘所受的內容並無差別，也許小乘戒相比這內容還更多。當然在戒相上可以有各種層次的說法，但是有些戒相大概是

基本的。

「我從今日乃至菩提，於所受戒不起犯心」這是總相，下面講的是別相：「於諸尊長不起慢心」、「於諸眾生不起恚心」、「於他身色及外眾具，不起嫉心」、「於內外法不起慳心」。這四種心，若從防非止惡的立場來看，依小乘的說法是我們的心有時會生起煩惱，為了對付這些煩惱，所以我不能生起這些心。例如我起了慢心，就必然有隨著驕慢而來的煩惱。若我起了嫉心、恚心，也都會隨著這些心起現種種煩惱。

小乘說種種煩惱的起現根源是見一處住地、欲愛住地、色愛住地、有愛住地這四住地的問題。煩惱起現可說都是來自我們心中起了某種執著，小乘教說我們應以戒來將它去除，這是小乘持戒的基本思考態度。

第二項　持戒可以有兩種不同考量的方式

如與人交往時，心中會起種種的煩惱，以小乘持戒來說就是要隨時注意那會起現煩惱的根源地。於是與人交往時不要生起驕慢心或貪念，不然就會有煩惱相顯現。

可是這裡有另外一個想法，如儒家所說的「吾日三省吾身」，能不能不要把我的考慮只盯在自己的煩惱上，像「為人謀而不忠乎？」我只是反省自己做事時有沒有盡忠職守，而不是真的在每件事上反省我所做的每個細節。這裡有個很不同的思考，可以說這「三省」也是持戒的過程。持戒可以有兩

種不同考量的方式。

舉例來說，如男生當兵時都喜歡「摸魚」，被班長找去倒垃圾就很高興，因為可以暫時脫隊離開管制；或能早一分鐘放假，晚一分鐘收假，都覺得是很過癮的事。但其實在這裡我也可以修行，如被派倒垃圾，我不能起貪念而想要多賺一分鐘，我應該趕快倒垃圾後歸隊，如果一起貪念就會生煩惱。

又如在大學裡學生都很喜歡蹺課，蹺了第一堂就會想蹺第二堂，因而沒完沒了。所以，無論如何不要開始蹺課的習慣，否則貪念也會隨之愈來愈強。

其實很多人都覺得有摸到一點自由自在的空間就很舒服，但在這裡我可以修行。如校長派我到臺北出差，通常填出差單都是兩天，我們可能就會想一定可以賺很多時間，因為跑臺北一趟只要三個鐘頭，如果搭飛機只不過五十分鐘，甚至還可以當天回來，不但能賺到一晚的住宿費，第二天還可以「摸魚」待在家裡做自己的事，豈不一舉兩得。

像這些當然都是貪念，但如何可以讓貪念不起呢？其實我們可以考慮另一種做工夫的方法。可想想老闆派我出差是希望我去辦好那件事，我可以讓心念停留在是否已把那事情辦好上，那麼貪心根本無處可起。

於是我們可以看到「為人謀而不忠乎」，這也可以是一種持戒的方式。我所有的思考只盯在有沒有把事情辦好，其他的念頭根本不用去管它。因此我們可以看到在反省心念時，可以有兩種完全不同的角度。

　　再以讀書為例，尤其讀本很困難的書時，一頁讀不完就想睡了。如我以前上牟宗三先生的課時，他一講課就是三個鐘頭硬梆梆的東西，從不說故事。一般人上他的課大概很快就昏昏欲睡。可是我每次上課，精神都很旺盛，即使我上課前可能很睏，可是當我的腦袋開始進入問題裡去跑時，那些想睡的心、幻想心或想望向窗外的欲望等心念，就統統不見了。

　　你可以用這樣的方式來反省自己，究竟有沒有確實地把心念擺到真正的問題上去。如果你真的擺上去了，則那些雜念、妄想都不會生起。因此，反省可以有兩種模式，持戒也可以有兩種完全不同的模式，而勝鬘夫人用什麼模式來持戒呢？

第三項　以悲念持戒

> 世尊！我從今日乃至菩提，不自為己受畜財物，凡有所受，悉為成熟貧苦眾生。
> 世尊！我從今日乃至菩提，不自為己行四攝法，為一切眾生故，以無愛染心、無厭足心、無罣礙心，攝受眾生。
> 世尊！我從今日乃至菩提，若見孤獨幽繫疾病，種種厄難困苦眾生，終不暫捨，必欲安隱，以義饒益，令脫眾苦，然後乃捨。

世尊！我從今日乃至菩提，若見捕養眾惡律儀，
及諸犯戒，終不棄捨，我得力時，於彼彼處見
此眾生，應折伏者而折伏之，應攝受者而攝受
之。

何以故？以折伏攝受故，令法久住。法久住者，
天人充滿，惡道減少，能於如來所轉法輪而得
隨轉。見是利故，救攝不捨。

一、不自為己受畜財物

這四條戒律有它的方向，勝鬘夫人說：「不自為己受畜財
物」。當我受畜財物時，心裡就會生起種種煩惱，就好像我會
經常看銀行的存摺裡還有多少錢，如此就會想盡辦法要愈攢
愈多，自然會引生種種麻煩的貪念。而當要持戒時，我們又
往往會想，那我就不要受畜任何財物好了，這便是小乘的持
戒。

然而，你可以想想，其實受畜財物本身不是什麼問題，
而是受畜財物後我要做什麼用？如在受畜財物要做何用的這
點考量上，我不但要看存摺，更要知道還有多少錢可以用。
於是我們整個心念轉過來，不再注意受畜財物會起現的種種
煩惱，而是隨時隨地注意到「凡有所受，悉為成熟貧苦眾生」；
我的財物是否用到這些地方。

如果我時時刻刻把心念盯在這裡，前面的那些戒自然不

會去犯，於是我們看到一個完全不同的持戒方法。

二、不自為己行四攝法

「不自為己行四攝法」。四攝法是布施、愛語、利行、同事。行四攝法時，我們也容易起種種煩惱。如布施時會捨不得，我當然可以用種種觀法來對付它，嚴守戒律不起煩惱。但勝鬘夫人說：

> 不自為己行四攝法，為一切眾生故，以無愛染心，無厭足心，無罣礙心，攝受眾生。

這態度很明顯地有個轉移，就是把心念完全地放在「攝受眾生」上。這樣根本就不用去檢查行四攝法時，心裡到底會起多少煩惱，因為我的心時時刻刻都在觀照眾生，已無空間去生起這些煩惱了。

從這裡我們可以看到，大乘的持戒觀不是單純的持守各別的戒律，而是把心念定在悲念上，所有的持戒只是為了那一份對眾生的悲念。

另外我們也可以看到，所有的持戒不是去對付那些種種的煩惱，而是去觀照在行這些法時，到底有沒有去護住那一份悲念。如果護住了悲念，就根本不必去理會心上的煩惱。所以，若能護住悲念，就是持戒。

三、不暫捨孤獨幽繫疾病者

> 我從今日乃至菩提，若見孤獨幽繫疾病，種種
> 危難困苦眾生，終不暫捨。

　　問題不在「終不暫捨」上，而在「必欲安隱，以義饒益，
令脫眾苦。」換句話說，這些都只是看我們是否對眾生起悲心
上。

四、不棄捨捕養眾惡律儀及諸犯戒者

> 世尊！我從今日乃至菩提，若見捕養眾惡律儀，
> 及諸犯戒，終不棄捨，我得力時，於彼彼處見
> 此眾生，應折伏者而折伏之，應攝受者而攝受
> 之。

　　當犯戒時，不是觀心上起了什麼煩惱，而是注意到悲念
到底有沒有滑落。也就是我的「不棄捨」重點不是在棄捨上，
而是在「於彼彼處見此眾生，應折伏、應攝受」上。
　　為什麼要這麼做呢？他說：「以折伏攝受故，令法久住。」
重點在「令法久住」。「法久住者，天人充滿，惡道減少」。他

不說阿羅漢或菩薩充滿，而是說天人充滿。因人天五乘有眾惡律儀，諸犯戒者，要去折伏、攝受他，引他們往向正道。如果能時時想到正法久住，那麼就會「天人充滿，惡道減少，能於如來所轉法輪而得隨轉。見是利故，救攝不捨。」這是另外一種完全不同的持戒方式。

　　一般在小乘講的持戒是防非止惡，現在大乘說的是讓非與惡根本不起。既然不起，為何還去防它、止它？所以不是用種種的定力、觀慧讓煩惱不起，而是一開始就讓它根本沒空間可起。讓心念只放在眾生上，這不也是一種持戒嗎？

　　我們從勝鬘夫人所發的十大受，從「不自為己受畜財物」、「不自為己行四攝法」、「不暫捨孤獨幽繫疾病者」、「不棄捨捕養眾惡律儀及諸犯戒者」，　可以看到他持戒的法門相當特別，就是把持戒的用心從向內的過程轉換成向外的態度，以悲憫眾生作為持戒的基礎，這便是勝鬘夫人持戒的方式。

第三節　不忘失正法，而入於大乘

　　世尊！我從今日乃至菩提，攝受正法，終不忘失。何以故？忘失法者，則忘大乘；忘大乘者，則忘波羅蜜；忘波羅蜜者，則不欲大乘。若菩薩不決定大乘者，則不能得攝受正法欲，隨所樂入，永不堪任越凡夫地。我見如是無量

大過，又見未來攝受正法菩薩摩訶薩無量福利
故，受此大受。

第一項　攝受正法，終不忘失

「攝受正法，終不忘失」也就是從「不忘失」的角度來
看它。忘失法就會忘失大乘，忘失大乘就會忘失波羅蜜，忘
失波羅蜜就不欲大乘。他說菩薩如果不決定往大乘，則不能
得攝受正法欲。如果菩薩決定大乘就不會「隨所樂入，永不
堪任越凡夫地」。菩薩也可免除如是「永不堪任越凡夫地」的
無量大過，又可得無量福利，也就是考慮攝受正法的正面價
值，而不是討論忘失正法後所起的種種煩惱。

　　我們把攝眾生戒和攝正法戒以相同的方式來考量，也就
是持戒時，不是去注意它在我心念中所產生的種種負面狀況，
而是注意到為什麼去受這個戒，以這種方式我們再來看勝鬘
夫人所持的攝律儀戒。

第二項　攝受正法，真為大願

　　勝鬘白佛：菩薩所有恆沙諸願，一切皆入一大
　　願中，所謂攝受正法。攝受正法，真為大願。

　　勝鬘夫人把攝律儀戒、攝眾生戒匯歸攝正法戒中。為什

麼可以如此呢？這問題就得回頭來看前述的攝律儀戒──不
起慢心、不起恚心、不起嫉心、不起慳心。這些要如何來持
守呢？

一、於諸尊長不起慢心

　　如我們常說「天下無不是的父母」，但天下的確有那麼多
不是的父母，當我們面對他們時，應該怎麼辦？如果我不起
慢心而仍然對他恭敬如故，這好像很扭曲人性？比如說據說
在花蓮、臺東的鄉下，很多爸爸媽媽在女兒小學畢業後，就
把他賣了。你告訴他「於諸尊長不起慢心」。這「不起慢心」
對他有什麼意義？也許你會看到這裡存在一個問題，當我們
在持戒、做自我的修養功夫時，不只是很單純地進行自我要
求，現實上仍存在著很多尷尬。

　　又如師生關係的維繫是為了傳遞道業。「師者，傳道、授
業、解惑也」。若老師不能傳道、授業、解惑，還當什麼老師
呢？可是只要有師生的關係存在，那麼師生間的道業關係，
就不單純只是老師教而學生接受而已。事實上道業的進行是
在彼此的互動中進行，學生並不完全處在被動的地位上。當
老師不能把這個關係維繫好時，學生仍然可以想辦法維繫這
關係。

　　就如老師在黑板上算錯一道題目，你就去算給老師看，
這時你可能會以為那不是很不給老師面子嗎？可是假如人人

都如此想，那麼道業關係又如何可能維繫呢？這時如果你是為了想把這問題表達清楚而上臺演算，你知道這道業的關係必須是所有的人一起來貢獻的，也就是重點在道業關係的維繫上，而不是只在老師的面子上。如果我們在這點上比老師強，為什麼不可以教他？如果老師硬要擺出權威來面對你，問題是出在老師身上。在這種情況下你掉頭而走，是不是代表對老師的輕慢，這很難判斷。

這就好像有時應折伏時你要折伏，該顯怒目金剛相時還是要顯怒目金剛相，很難說這就是所謂的「慢」，而是看用心。當你一心一意在道業上時，其實也就沒有什麼慢心。如果能一心如此，我們就可看到「於諸尊長不起慢心」的講法也可有兩種不同的考慮方式。一種只是一味地要求自己不能起慢心，結果常只是導致老師的死要面子，反而無助於道業；另外的方式則是去注意自己與諸尊長的關係是建立在道業上。

這樣的法門是要我們先存一份悲念，師生關係的成就是一種眾生的成就；父母、兒女之間關係的成就也是一種眾生關係的成就。我們是為了眾生的成就而去做這件事。當然我們並不是說小乘防非止惡的持戒法門是無用的。在勝鬘夫人的持戒法中，假如我們的心念很亂，則暫時退下來做一些防非止惡的持戒功夫，還是有必要的，但是最後心念還是要調整回去。

當我們這樣來看待這問題時，就會看到為什麼這部經典講攝律儀戒、攝眾生戒、攝正法戒，最後只回歸到一個攝正

法戒的原因。

二、於諸眾生不起恚心

用這種方式來看，便可有兩種態度來面對「不起慢心」。「於諸眾生不起恚心」也是如此。如果我們能心心念念地盯在悲心上，後面的很多問題就不會發生了。在這裡沒有那麼多戒要持守。可是我們隨處都在持戒，就是把心念撥回到正法上，這就是持戒了。

三、於他身色及名眾具，不起嫉心

又如「於他身色及名眾具，不起嫉心」這情形。舉例來說，以前我弟弟唸國中時，他的很多同學都趕時髦配金邊眼鏡、穿愛迪達球鞋，我弟弟回家也吵著要和他們一樣。

小朋友比的東西比較好辦，這大人比的東西就很難辦了。當你發覺到自己被嫉妒心控制時，你的理性就會散失，心裡就會覺得很不舒服，這時就需要退下來做一點清淨的功夫。可是當我們真正能在回到悲心中去時，就可以看到嫉心根本無從生起，於是我們就在每件事當中持戒修定。

勝鬘夫人為什麼可以把這些戒相全部拉回到一個戒上，它背後有這樣的思考。分開來說是不起慢心、恚心、嫉心，實際上只有一個思考、一個戒相而已。

第三項　即戒、即定、即慧的法門

一般說戒、定、慧的修習程序，是要通過持戒、修定到發慧，可是在這個法門裡，這程序不見了，持戒要靠智慧來持戒，把心念撥回到正法上，這也是定。所以它是即戒、即定、即慧的法門，在慧裡又包含著另外一個陳述──悲。

所以，所有的大乘法門都強調要在悲智雙運的情況下修行，這是大乘法門與小乘法門很大的區別所在。

前幾年報紙上報導有位師父因信徒送他一包有大蒜的韲豆，他不知道而吃了那包韲豆，於是覺得自己破了戒，最後抱憾而去。我看到那則新聞時蠻有感觸的，除了對那位師父嚴謹的持戒態度非常佩服之外，我也思考持戒是為了什麼？那位師父真需要抱憾嗎？如果勝鬘夫人當此情境，他會怎麼想呢？

又如安樂死，這問題在西方國家變成一個宗教性的大課題。當一個人活著已毫無尊嚴，必須靠呼吸器才能維持生命時，我們要如何面對？今天在大學裡也開始有人討論「生死學」的問題。若病人已到了生命的最後階段，如果你是醫生，家屬要求你關掉呼吸器，你會去關嗎？關掉它算不算犯戒？要如何判斷？這問題很難回答。在醫療行為裡經常發生這種尷尬，我們稱之為醫療上的倫理學問題。這些問題都會考驗著你的持戒態度。

又如醫生在治療病人時，西醫的處理方式都是把人翻箱倒櫃一番，照片子、透視等，在這種狀況下，如何去調處醫療行為與人的尊嚴之間的分寸？

我聽說在美國當醫療行為進行的過程中，凡是涉及到人的尊嚴問題時，醫生不能獨立下任何判斷，必須在委員會裡報告。那委員會包括牧師、病患的家屬、醫生，由大家共同討論決定如何採取醫療行為，這是為了求取醫療行為與生命尊嚴之間的平衡所做的努力。

如果你是當事人，你的考量點又是什麼？這能不能單從犯不犯戒這點來考慮？我想恐怕不是這麼單純的問題。

前些年我因為女兒生病的緣故，真的是受夠了臺灣的醫生對人的那種不尊重。我沒有任何辦法去對抗醫生的權威。我們看到很多病患在這當中受苦，如果你也是當事人，這不是從簡單犯不犯戒的角度就可以考慮清楚的。你能想清楚，假如你是位嚴謹的持戒者，在每個特殊的情形下，你都知道該如何做嗎？

第四節　十大受匯歸於三大願

這法門雖號稱「一法門」，也就是看起來似乎簡單直截，但其實是極其困難的。難就難在什麼叫做「正法」？現實中所有的人都是凡夫，如何判斷它是不是「正法」？

　　因此，如果我在芸芸眾生中說法，坦白說，我多半不會向他們說這法門，因為現實中人大部分承擔不起這法門，但不能因為難而避開不講。各位可以想像一下，以小乘的法門能不能應對今天這麼一個紛繁、複雜的社會？我覺得這問題非常重要，我們要充分了解這個法門。

　　　　法主世尊！現為我證，惟佛世尊現前證知。而
　　　　諸眾生善根微薄，或起疑網。以十大受極難度
　　　　故，彼或長夜非義饒益，不得安樂，為安彼故，
　　　　今於佛前說誠實誓。

　　我們看到這法門是會讓人起疑網的，而且這疑網非常大，那是因為「十大受極難度故」。什麼是「極難度」？如果對比小乘法門的繁複，只有一法門的它好像應該極為容易。可是問題不在一與多，而是眾生在生死長夜中流轉，常起非義不饒益事，而不得安樂，勝鬘夫人為了安樂眾生便於佛前發三大願。他說：

　　　　以此善根，於一切生得正法智，是名第一大願。
　　　　我得正法智已，以無厭心為眾生說，是名第二
　　　　大願。我於攝受正法，捨身命財護持正法，是
　　　　名第三大願。

他把十大受匯歸到這三大願上，事實上只有一大願。「以此善根，於一切生得正法智」也就是說勝鬘夫人持戒、發願的法門只定在一點，就是隨時隨地要獲得正法。以獲得正法為持戒，以獲得正法為發願。發願之後願意為眾生說法，這個戒與願都必須在眾生中完成。

所以，「以無厭心為眾生說」、「捨身命財護持正法」全匯歸到攝受正法上來。也就因為如此，你若了解這正法判斷上的艱難，便會知道它為什麼會有極大的困難度了。

第五節　攝受正法，真為大願

勝鬘夫人用什麼方式表示這一法門。這法門真正的作法是什麼？

> 爾時，勝鬘白佛言：「我今當復承佛威神，說調伏大願，真實無異。」佛告勝鬘：「恣聽汝說。」
> 勝鬘白佛：「菩薩所有恆沙諸願，一切皆入一大願中，所謂攝受正法。攝受正法，真為大願。」

戒與願匯歸到同一點上，我們從「法大」與「人大」這兩面來看它真實的意思。

第一項　攝受正法即是攝八萬四千法門

攝受正法廣大義者，則是無量，得一切佛法，攝八萬四千法門。譬如劫初成時，普興大雲，雨眾色雨及種種寶，如是攝受正法，雨無量福報及無量善根之雨。

世尊！又如劫初成時，有大水聚，出生三千大千界藏，及四百億種種類洲。如是攝受正法，出生大乘無量界藏，一切菩薩神通之力，一切世間安隱快樂，一切世間如意自在，及出世間安樂劫成，乃至天人本所未得，皆於中出。

又如大地，持四重擔。何等為四？一者大海，二者諸山，三者草木，四者眾生。如是攝受正法善男子、善女人，建立大地，堪能荷負四種重任，喻彼大地。

何等為四？謂離善知識，無聞非法眾生，以人天善根而成熟之；求聲聞者，授聲聞乘；求緣覺者，授緣覺乘；求大乘者，授以大乘。是名攝受正法善男子、善女人，建立大地，堪能荷負四種重任。

攝受正法為什麼能攝受八萬四千法門呢？若用譬喻來說，

它能荷負四種重任，第一個是「離善知識無聞非法眾生」，其實就是對世間凡夫而言，能以人天善根來成熟它。「求聲聞者，授聲聞乘；求緣覺者，授緣覺乘；求大乘者，授以大乘。」

攝受正法何以有如此大威力？理論上說，這裡有一些曲折。照上面的說法，從持戒上來看，攝受正法只是把心念撥回到「悲憫眾生」這一心念上，但這一個心念不正是佛心的內容嗎？也就是說，它就是前面分析的如來藏心的表現。因此，攝受正法事實上也就是攝持如來藏心。攝受正法就是要時時刻刻護持如來藏心。為什麼這叫做「攝受正法」呢？因為如來藏心顯的就是如來法身，如來法身是不離開煩惱藏的。在因地時稱為「如來藏」，在果地時稱為「如來法身」。

以這樣的觀點來看，攝受正法就是攝受如來藏。我能隨時隨地護持如來藏心，當然就是護持住正法，因為如來藏的所有內容就是正法的所有內容，那無非就是滅諦，是佛所證的一切諸法。

所以，這法門能攝無量法門，是因為它的具體內容就是佛的內容。以下勝鬘夫人仍然繼續以譬喻來說明攝受正法的內容。

第二項　攝受正法即是攝一切眾生

世尊！如是攝受正法善男子、善女人，建立大地，堪能荷負四種重任，普為眾生作不請之友，

大悲安慰，哀愍眾生，為世法母。

又如大地有四種寶藏。何等為四？一者無價，二者上價，三者中價，四者下價，是名大地四種寶藏。

如是攝受正法善男子、善女人，建立大地，得眾生四寶最上大寶。

何等為四？攝受正法善男子、善女人，無聞非法眾生，以人天功德善根而授與之；求聲聞者，授聲聞乘；求緣覺者，授緣覺乘；求大乘者，授以大乘。如是得大寶眾生，皆由攝受正法善男子、善女人，得此奇特希有功德。世尊！大寶藏者，即是攝受正法。

攝受正法就是一個大寶藏，因為它的具體內容就是如來藏。如來藏又是佛的滅諦，這寶藏就在眾生心中，若去成就它，就能顯發為各種各樣的大寶。

「無聞非法眾生，以人天功德善根而授與之」，是指這法門所成就的是唯一佛乘，但眾生根器不同，先暫以人天善根來成熟它，以聲聞乘、緣覺乘來成熟它，這只是一個方便，最後還是要歸到一佛乘上。

最後在「法大」立場上做總結。為什麼「攝受正法者，無異正法」呢？因為攝受正法就是護持住如來藏。如來藏顯發就是如來法身、佛的滅諦，就是一切正法、一切諸法實相，

所以攝受正法，無異正法。如來藏顯發出來之後就是正法，
正法也無異攝受正法。為什麼？攝受正法和正法只是在因地
與果地上的不同，一個是已證，一個是待證，所以說正法即
是攝受正法。

第六節　攝受正法即是波羅蜜

　　什麼叫做把心念撥回到那個正法之上？「世尊！無異波羅
蜜，無異攝受正法，攝受正法即是波羅蜜。」這話裡有省略的
地方，就是「世尊！攝受正法無異波羅蜜，波羅蜜無異攝受
正法，攝受正法即是波羅蜜。」

　　為什麼說「攝受正法無異波羅蜜」？波羅蜜就是布施、持
戒、忍辱、精進、禪定、般若等六度，我們依六度而行，護
持如來藏心，就是在六度所行的過程中守住這份如來藏心。
如來藏心開顯的過程，就是我們用攝受正法行時，就要把這
一份心念灌注到六度萬行裡去。這攝受正法是對著一切行而
開顯的，菩薩無非是去行六度，在其中去貫徹如來藏心。

第一項　如何行六度，才合於正法

　　何以故？攝受正法善男子、善女人，應以施成
　　熟者，以施成熟，乃至捨身支節，將護彼意而

> 成熟之。彼所成熟眾生建立正法，是名檀波羅
> 蜜。

舉例來說，行布施時，我們如何判斷是否攝受了正法？如我把舊衣捐給孤兒院，也可以把錢捐給慈善團體，但我們也看到多少團體打著慈善之名，而行斂財之實。所以，這就需要判斷，不要隨意布施，要先判斷這對象究竟值不值得我去布施。

又如我們走在馬路上，偶爾會碰到乞丐，我們是否要布施？前幾年報紙上曾經報導，在臺南有對夫妻，爸爸硬把自己兒子的腿骨打斷，並打上石膏，然後送出去乞討。這事簡直不可思議。今天如果我們走到他旁邊，要不要布施給他？如果我布施了，真的幫助到那個乞丐了嗎？他爸爸可能還會再打斷他的腿，他仍然在受苦當中，我們沒幫助到他，反而只是助長了他爸爸的惡行。

有個可行的好辦法，你只要把布施的一百塊錢裡抽出一塊錢，打個電話到市政府社會局，請派社工人員來處理。這是政府的責任，我們不必布施一百塊給他，只要納稅，政府會來做這件事，我們只要監督政府就行了。

如盧安達發生內戰，各國都在救助難民，如果你提供錢買藥品救人命，可是難民不斷產生，你今天救得了一個人，已經又製造了一百個難民。問題的根源在哪裡？如果要真正的布施，怎麼布施？於是我們會看到今天解決難民的問題，

絕對不是有錢人去做一些慈善救濟就好了，什麼樣的布施是最恰當的布施？在判斷時，怎樣才合於正法？

又如東歐國家共產政權紛紛倒臺後，他們沒有一種解脫共產政權之後的愉悅，而是跌入了更多的苦果裡。最可憐的就是南斯拉夫，聯邦開始分裂而產生內戰，變成了人間煉獄，歐美的主要國家都在想辦法解決這個問題。聯合國也派了部隊去，但雙方的戰爭仍然很難平息。

再看中東可說是世界的火藥庫，它的問題來自歷史的背景。那裡的衝突本來就很多，再加上現實石油利益的衝突，還有二次大戰之後，西方國家運用強權在那裡劃定國界，無疑為該地區埋下更多的爭端。所以，就如同戈巴契夫所說的幾個問題，他說世界在解除冷戰的困局之後，並沒有進入更加和平的狀況。

我們當初都以為美、蘇兩大集團的對抗是世界不安的源頭，只要能夠解除美、蘇兩大強權的對抗，這個世界就會走回安全的局面。現在雖然蘇聯崩潰了，但顯然地，這世界並沒有走上安全之路。如戈巴契夫所指出的，這世界面臨了幾大困局，第一大困局是種族的問題，第二是人類環境的危機問題，第三是宗教的問題。

各位都知道這世界上有一個很不安的種子，那就是回教的基本教義派。現在於世界各地所發生的各種恐怖活動，大部分都與回教基本教義派有關。在冷戰時代結束之後，人類才看清楚原來我們又面臨到這麼大的危機。

我在馬路上碰到乞丐，要怎麼辦？世界上種族、環境、宗教的問題，又應該怎麼辦？從這最小的問題到最大問題，都在考驗著我們的智慧。這正法絕不在經典裡，釋迦牟尼佛都沒有看過，這問題對他不會構成困擾，但這些問題卻使我們感到不安。那麼我請問你：「正法在哪裡？」「什麼叫做正法？」

第二項　以智慧實現正法

今天如果你要布施，可以有很多對象、方法。如附近的工廠製造污水，以致污染河川，我們為了維護環境，就帶著工具去把小河溝清乾淨，可是工廠老闆卻仍然繼續製造污染，我們怎麼解決這個問題？正法實際表現到現實事情上時，就在在地考驗著每個人的智慧。你若把握不住智慧，立刻就會偏差了。

針對前面的問題，講起來很難解決。人世間的問題層出不窮，隨著時代的改變，問題的性質也不斷改變，我們不可能期望佛陀當初的教法能處理現在的問題，所以只能說，如果佛陀所呈現的是正法，它應該能提供我們一個原則性的思考方法。所謂正法、如來藏、滅諦的內容，到底包含著什麼智慧呢？

整個佛教的教法從小乘教義乃至到最後大乘圓教境界的成就，無非只是在講一個觀念，那就是眾生因有執著而產生

煩惱，去除執著就能得到清淨，這樣的方向從小乘開始到大乘一直都沒有改變。

可是它所蘊含的智慧在哪裡呢？不論任何事情，即使是小到我們日常周遭的種種事情，如愛隨地亂丟紙屑，無非也只是懶惰多走幾步路丟到垃圾桶裡去而已。懶惰也是一種執著，是一種對自由自在的貪戀。若大到一個天下國家的問題，無非也是因為在某些地方產生執著。這執著不單純是那些個人的內心產生偏差的觀念，它可能是集體的、制度的、結構的一種偏差觀念。

那我們是否能準確地看出每個問題背後的執著所在？看清楚問題之後，我們是否能提出解決的法門？世間的事情何其紛繁，我不可能只用一個固定的方法來解決。就個人的煩惱而言，古代的人會起的煩惱，與現在、未來的人會起的煩惱大概差不多。古人可用的方法，對我們大概也會有些用處！

可是事實上，煩惱的問題不光是這層面的問題，世間大部分的煩惱是來自於一種「結構性的煩惱」，這不可能有單一的或從古到今都不變的答案，因為它是在某個時代、某種特殊的文化背景、某些特殊的社會條件或某群特定的人共同做出來的。要解決這些問題，沒有固定的方法，大問題需要有大菩薩的大修行來解決，小問題則靠小修行就可以面對。

例如解決乞丐的問題不需要大修行，只要會打電話就可以解決。可是話又說回來，如果你到過臺北火車站前的話，你就會知道這或許不是個小問題。

　　我曾經有次坐車在凌晨四點鐘到臺北火車站，才發現有許多遊民，到了晚上十一點後，兩張報紙一鋪，衣服、報紙一蓋，就躺在那裡睡覺了，這是整個社會福利的問題。

　　像現在社會常常一個人有大病就一家拖垮。我祖父就是得老年痴呆症過世的，他晚年時其實身體都沒什麼病，但與家人無法相處，在家裡到處打人、罵人，送到醫院去，醫院也無法處理，就用繩子把他綁在病床上……，才沒兩天我們又因不忍心而把他接回來。當時我媽媽要上班，每天還要照顧老人家，非常辛苦。家裡有個人如此，是全家的煩惱，這是世間的悲苦。而我們面對這悲苦時該怎麼辦？

　　聽說在日本曾有個父親得了很難處理的病，兒子照顧了幾年之後，實在受不了了，就把父親掐死了，這情況也是個整體性的問題。

第三項　正法的原則：見到世間的執著相

　　佛陀只能告訴我們一個原則，那就是要徹底懂得人心會出毛病的地方，提出方法去面對它。我們只能原則性地講，這原則非常抽象，也很難以應用。如果要具體地講，則政治上的問題最好去問政治學家，不然你自己就要變成政治學家。解決經濟上的問題也是如此。

　　換句話說，所有問題的解決都必須伴隨著一個專業性的知識，因此世間法有它絕對的必要性。只是你在看待世間法

時，隨時要用正法的原則去檢查它。如今天世界的經濟體制，大陸以前主張「社會主義救中國」，現在是「中國救社會主義」。他們用資本主義來救社會主義。這是很詭異的事。資本主義所有的經濟原則就是自由競爭的原則，這原則在十九世紀時蘊含對個人自由的肯定，可是資本主義的運作到了今天會反過來吞噬個人自由。

一、資本壟斷的經濟情況

如今天自由競爭的體制運作成龐大的跨國企業體制時，資本就可決定一切，人成了資本的奴隸，個人的自由投降在資本之下，資本家擁有最大的發言權。擁有資本就等於擁有一切，為什麼？就如今天的任何物品，手工做得再精緻，電腦科技可做出更精緻的東西。買機器一定要資本，競爭激烈之下，機器的功能很快就會被更強的功能取代，於是資本永遠只向著更大的資本。就像今天我們都知道，電腦汰換速度很快，有效期只有一、二年，馬上就需要更多的資本，否則別人硬碟的容量愈來愈大，能操作的東西愈來愈多，怎麼跟人家比嘛！但汰換就得要大資本，所以在今天這個時代，可以說資本決定一切。

臺灣在國際政治上是個孤兒，可是很多國家暗中卻都想與臺灣勾搭，因為我們有上千億美金的外匯存底。現在全世界只剩下幾個國家是資本輸出國，而臺灣高居世界前幾名。

每個國家都希望資本進來，沒有資本就沒有競爭力，經濟就會在惡性循環當中。因為有了資本就可買到最好的機器，賺更多的錢，賺了錢就可以擁有更多的資本換更好的機器。

當資本能壟斷一切時，它就變成人世間最大的執著所在，這問題釋迦牟尼佛不能告訴你，但經濟學家可以告訴你。在這種資本壟斷之下，第三世界❺的國家很可能永無翻身的機會。全世界百分之八十、九十的經濟成果由百分之二十的人來享用，今天歐美國家加起來的人口佔全世界的五分之一，可是它享用了全世界百分之九十左右的經濟成果，這是個多危險的狀況。

我曾聽說有位經濟學家做了個很悲觀的預測，他說第二次共產主義的浪潮，會在未來幾十年的歲月裡再度爆發。這個預測隱含著攝受正法的問題，我們是否能從這問題裡，看到資本原來是人世間最大的執著相。誰能解決這問題，我們所救的蒼生不是一個、二個，而是十億、二十億人口。

共產國家在解放之後，都採取自由經濟體制，印度也在這幾年改變經濟政策，開始大量吸引外資，因為他們發現到包括臺灣在內的東南亞國家，成功的經驗就是開放外資。我們開放歐美多餘的資金進來進行加工的方式，讓經濟進入良性循環，臺灣才有這二、三十年來的經濟起飛。很多國家本

❺ 以前在冷戰時期中，世界成為兩極對抗的局面，以西歐、美國這些高度工業化國家為主的便稱為第一世界，而以蘇聯所能控制的國家便是第二世界，而其他國家便成為第三世界。

來都採取閉鎖政策，結果這幾年紛紛發現這才是發展經濟最快的路子，於是也紛紛開放外資。

經濟學家也說亞洲四小龍加起來雖然只不過是五、六千萬人，但它卻把歐美國家的資金吸收過來，全部消化而能發展起來。可是各位要知道，現在有多少人口在等待資金，大陸的十二億人、印度的七億多人與前蘇聯的兩億多人，加上非洲許多國家，二、三十億人口在準備搶食資金的大餅，到時候所發生的資本混亂很難想像！

這問題對各位而言也許非常遙遠，可是做為一個在這時代裡真正要救苦救難的人，我固然尊敬能去照顧一些悲苦眾生的人的價值，但是各位也要把眼光放遠，如果真的要救苦救難、行正法，就要能看到這世界所面臨的問題，這就是攝受正法。

二、宗教狂熱的危機

正法的原則就是能看到這世間問題的執著相在哪裡，而能提出方法去解決它，且把這原則用到所有的世間學裡。可是這裡就很困難了，因為要完全懂得世間的任何一個問題都很困難。我想請問各位，要如何解決回教基本教義派的問題？

這是個宗教問題，我們看到回教基本教義派的問題，是來自對西方強勢宗教文化壓在回教文化之上，所產生的一種宗教狂熱情緒的反彈，它與慈禧太后時的義和團的心理背景

很像。那個伊拉克的狂人海珊，一心一意想要恢復伊拉克的國家所在，也就是古代的巴比倫王國時代的光榮，這是民族情緒，也是宗教的狂熱。我請問各位如何解決這個問題？

當面對這樣一個時代性的大問題時，我們有什麼樣的回應？釋迦牟尼佛不會提供任何答案，他只能提供正法的原則。正法就要放到六度萬行裡來實踐，「正法即是波羅蜜」，在行布施、持戒時，我們要看到現在所面臨的這件事合不合正法，如果不合正法，問題出在哪裡？要怎樣改善它？這是在考驗每個人的智慧。

三、民主選舉的弊端

臺灣今天有多少惡法門？例如今天選舉如火如荼地舉行，身為佛弟子要如何參選？我的朋友很少直接參選，但是曾有人去幫忙輔選。據他們告訴我，天底下所有最違反人性的事，都會在競選總部裡出現。每天用各種卑劣的、造謠的手段去中傷、打擊對手，想辦法去挖一條聳動人心的新聞，加以炒作或用廣告來包裝。於是你會看到公關公司這時最盛行，他們做各種廣告的包裝，運用種種心理學的手段去包裝，怎樣罵人才能引起群眾的注意。我以前聽過一位專門研究群眾運動的人說：「面對所有的群眾時，你要永遠記得一句話——群眾只有十七歲。」那麼，你該如何看待選舉？如何看待群眾？

我相信很多人不敢去面對這世界的問題，甚至以我的了

解，很多人也是因為看到這世界如此紛亂，而走上出家的路子，希望找塊清淨地。出家之後，才發現居然有人說出家人如果要修行，原來還要再回到那個紛亂的世界裡去。

我覺得這問題無可避免地在考驗每個修行人的悲願，你有什麼樣的悲願就成就什麼樣的境界。如果你的悲願只是對自己而發，或對你偶爾碰到的少數悲苦的眾生而發，你的境界就到此為止。如果悲願更大，你的境界就會更大。

第七節　眾生都是潛存的佛

最後是「人大」這問題，「攝受正法即是攝受正法者」，所以經上說：「攝受正法善男子、善女人，即是攝受正法」。攝受正法就是攝持如來藏心。如來藏心就內在於所有眾生心中，可以說所有眾生都是一個潛存的佛，只是沒有把它證顯出來而已。所以，你必須以這樣的態度去尊重一切眾生，把一切眾生都視為潛在的佛。

> 若攝受正法善男子、善女人，為攝受正法，捨
> 三種分，何等為三？謂身、命、財。

所有眾生都是潛存的佛，他可以通達一切甚深佛法。只要有一個眾生發攝受正法的願就可以常為一切諸佛所記，一

切眾生之所瞻仰。也就是說這法門通於一切眾生，並不限制在某些特殊的眾生身上，於是在這裡所有眾生的尊貴性就顯示出來了。

所以總括來看，這部經典所表達的就是世間有煩惱，煩惱的根源都來自於無明住地。佛的智慧就是為了要解決無明住地，佛所證顯的滅諦，能徹底清淨無明住地的煩惱。從滅諦來說如來藏，所有眾生都原具有如來藏心，只要能把如來藏心顯發出來，就可以解決無明住地煩惱。於是就從這裡提出一個法門——攝受正法，就是攝持如來藏心，顯發如來藏心。踐行這法門，就可以對治眾生的一切煩惱。

那這法門如何實踐呢？就是在六度萬行中去實踐。當我們行布施、持戒時，要能護持住正法。在一切法中觀察它的執著相，以及如何破除這執著相。這整部經典所講的無非就是這樣的境界，所提供的就是這樣的一個法門。

我個人覺得它是一種信仰，一種對「心」的信仰，而不是對「神」的信仰。從一開始是針對著佛陀的成就正覺來說，稱為「如來藏」。它確實是一個超越性的信仰，而且從人性的最終極的信仰裡，去知道有佛陀可以成就。我相信這些是可以成就的。

它整個推理過程，是以佛陀作為終極，最後令人達到超越的、善性的如來德性。你不能問我說：「既然人人皆具足如來藏心，那麼你拿出來給我看看。」我當然拿不出來，因為這個心從來不是可以從經驗中看得見的。但從「我對煩惱總

是厭離的」這點上來看，我看到眾生皆是嚮往清淨的，因此我相信這個心。

　　所以，事實上，我覺得如來藏系思想本身就是一種信仰，它說明人的內在世界永遠有這些純淨的東西，但是，當我們尚在生死流轉的情況之下，我們要解決的就是我執與煩惱，用這信仰來貫串所有的理論與行為。

　　我想如來藏系思想非常強調一個「信」字，你必須從信解如來藏，這法門才能發動。不信解如來藏，這法門就永遠沒有發動的機會。然而，你相信它嗎？你願意去尋找這個智慧嗎？你願意跟隨這個法門嗎？

　　當然，經是永遠講不完的，但文字總要有個結束，我謹將個人的信解說明如上，並以此供養各位，謝謝大家！

後　記

在悟因師父和香光寺各位師父的慈悲下，很高興這一講記終於得以全文問世了。屈指算來，從當年講經到轉為文字，在《香光莊嚴》發表，以迄如今成書，還真已有十年之譜了。這也難怪，當時所講的一些東西，如今讀來，竟已不覺有恍如隔世之感了！

時間是個很詭異的東西，我們總以為真理是無關乎時間的。但真是如此嗎？這個講記所面對的當然是個真理的問題，但從講完到現在，早已多歷年所，而於今讀來，對某些論點我已不能無疑。難道是我進步了嗎？抑或是退步了呢？何時所講的才近乎真理呢？然則，誰能解我的疑惑？為此，我只能依幾年前之講稿，略做順通，而不能另依我現在的一些新想法來作補充了。這是要請讀者諒察的！總之，我願認真面對當年說那番話的我，並誠懇地接受你的一切批評與指正！

相逢即是有緣，無論它取著什麼形式！謹此祝福一切有緣人，並感謝任何形式的因緣。人生到處知何似！就不說未來當如何了吧！

再次謝謝你的閱讀，並特別要祝福那位胡姓受刑人，願您心安樂處即是身安樂處！

謝大寧合十

附錄

勝鬘師子吼一乘大方便方廣經
宋中印度三藏求那跋陀羅譯

如來真實義功德章第一

如是我聞：一時，佛住舍衛國祇樹給孤獨園。時波斯匿王及末利夫人信法未久，共相謂言：「勝鬘夫人是我之女，聰慧利根通敏易悟，若見佛者，必速解法心得無疑，宜時遣信發其道意。」

夫人白言：「今正是時。」

王及夫人與勝鬘書，略讚如來無量功德，即遣內人名旃提羅，使人奉書至阿踰闍國，入其宮內敬授勝鬘。勝鬘得書歡喜頂受，讀誦受持生希有心，向旃提羅而說偈言：

我聞佛音聲，世所未曾有，所言真實者，應當修供養。
仰惟佛世尊，普為世間出，亦應垂哀愍，必令我得見。
即生此念時，佛於空中現，普放淨光明，顯示無比身。
勝鬘及眷屬，頭面接足禮，咸以清淨心，歎佛實功德。
如來妙色身，世間無與等，無比不思議，是故今敬禮。

如來色無盡，智慧亦復然，一切法常住，是故我歸依。
降伏心過惡，及與身四種，已到難伏地，是故禮法王。
知一切爾焰，智慧身自在，攝持一切法，是故今敬禮。
敬禮過稱量，敬禮無譬類，敬禮無邊法，敬禮難思議。
哀愍覆護我，令法種增長，此世及後生，願佛常攝受。
我久安立汝，前世已開覺，今復攝受汝，未來生亦然。
我已作功德，現在及餘世，如是眾善本，唯願見攝受。

爾時勝鬘及諸眷屬頭面禮佛，佛於眾中即為受記：「汝歎如來真實功德，以此善根，當於無量阿僧祇劫天人之中為自在王，一切生處常得見我，現前讚歎如今無異。當復供養無量阿僧祇佛，過二萬阿僧祇劫當得作佛，號普光如來、應、正遍知。彼佛國土無諸惡趣、老病、衰惱、不適意苦，亦無不善惡業道名。彼國眾生色力壽命五欲眾具，皆悉快樂勝於他化自在諸天，彼諸眾生純一大乘，諸有修習善根眾生皆集於彼。」

勝鬘夫人得受記時，無量眾生、諸天及人願生彼國，世尊悉記皆當往生。

十受章第二

爾時，勝鬘聞受記已，恭敬而立，受十大受：

世尊！我從今日乃至菩提，於所受戒不起犯心。

世尊！我從今日乃至菩提，於諸尊長不起慢心。

世尊！我從今日乃至菩提，於諸眾生不起恚心。

世尊！我從今日乃至菩提，於他身色及外眾具不起嫉心。

世尊！我從今日乃至菩提，於內外法不起慳心。

世尊！我從今日乃至菩提，不自為己受畜財物，凡有所受，悉為成熟貧苦眾生。

世尊！我從今日乃至菩提，不自為己行四攝法，為一切眾生故，以無愛染心、無厭足心、無罣礙心，攝受眾生。

世尊！我從今日乃至菩提，若見孤獨幽繫疾病，種種厄難困苦眾生，終不暫捨，必欲安隱，以義饒益，令脫眾苦，然後乃捨。

世尊！我從今日乃至菩提，若見捕養眾惡律儀及諸犯戒，終不棄捨，我得力時，於彼彼處見此眾生，應折伏者而折伏之，應攝受者而攝受之。何以故？以折伏攝受故，令法久住。法久住者，天人充滿，惡道減少，能於如來所轉法輪而得隨轉。見是利故，救攝不捨。

世尊！我從今日乃至菩提，攝受正法，終不忘失。何以故？忘失法者，則忘大乘；忘大乘者，則忘波羅蜜；忘波羅蜜者則不欲大乘，若菩薩不決定大乘者，則不能得攝受正法欲，隨所樂入，永不堪任越凡夫地。

我見如是無量大過，又見未來攝受正法菩薩摩訶薩無量

福利故，受此大受。法主世尊現為我證，唯佛世尊現前證知，而諸眾生善根微薄，或起疑網，以十大受極難度故。彼或長夜非義饒益，不得安樂，為安彼故，今於佛前說誠實誓：我受此十大受如說行者，以此誓故，於大眾中當雨天花，出天妙音。

　　說是語時，於虛空中雨眾天花，出妙聲言：「如是！如是！如汝所說，真實無異。」

　　彼見妙花及聞音聲，一切眾會疑惑悉除，喜踊無量而發願言：「恒與勝鬘常共俱會，同其所行。」

　　世尊悉記一切大眾，如其所願。

三願章第三

　　爾時勝鬘復於佛前發三大願，而作是言：「以此實願，安隱無量無邊眾生，以此善根，於一切生得正法智，是名第一大願。我得正法智已，以無厭心為眾生說，是名第二大願。我於攝受正法，捨身命財護持正法，是名第三大願。」

　　爾時世尊即記勝鬘三大誓願，如一切色悉入空界，如是菩薩恒沙諸願，皆悉入此三大願中，此三願者真實廣大。

攝受章第四

　　爾時勝鬘白佛言：「我今當復承佛威神，說調伏大願，真實無異。」

佛告勝鬘：「恣聽汝說。」

勝鬘白佛：「菩薩所有恒沙諸願，一切皆入一大願中，所謂攝受正法。攝受正法，真為大願。」

佛讚勝鬘：「善哉！善哉！智慧方便，甚深微妙。汝已長夜殖諸善本，來世眾生久種善根者，乃能解汝所說。汝之所說攝受正法，皆是過去、未來、現在諸佛已說、今說、當說，我今得無上菩提，亦常說此攝受正法。如是我說攝受正法所有功德不得邊際，如來智慧辯才亦無邊際。何以故？是攝受正法有大功德，有大利益。」

勝鬘白佛：「我當承佛神力，更復演說攝受正法廣大之義。」

佛言：「便說。」

勝鬘白佛：「攝受正法廣大義者，則是無量，得一切佛法，攝八萬四千法門。譬如劫初成時，普興大雲，雨眾色雨及種種寶，如是攝受正法，雨無量福報及無量善根之雨。」

「世尊！又如劫初成時，有大水聚，出生三千大千界藏，及四百億種種類洲。如是攝受正法，出生大乘無量界藏，一切菩薩神通之力，一切世間安隱快樂，一切世間如意自在，及出世間安樂劫成，乃至天人本所未得，皆於中出。」

「又如大地，持四重擔。何等為四？一者大海，二者諸山，三者草木，四者眾生。如是攝受正法善男子、善女人，建立大地，堪能荷負四種重任，喻彼大地。何等為四？謂離善知識，無聞非法眾生，以人天善根而成熟之；求聲聞者，

授聲聞乘；求緣覺者，授緣覺乘；求大乘者，授以大乘。是名攝受正法善男子、善女人，建立大地，堪能荷負四種重任。世尊！如是攝受正法善男子、善女人，建立大地，堪能荷負四種重任，普為眾生作不請之友，大悲安慰，哀愍眾生，為世法母。」

「又如大地有四種寶藏。何等為四？一者無價，二者上價，三者中價，四者下價，是名大地四種寶藏。如是攝受正法善男子、善女人，建立大地，得眾生四種最上大寶。何等為四？攝受正法善男子、善女人，無聞非法眾生，以人天功德善根而授與之；求聲聞者，授聲聞乘；求緣覺者，授緣覺乘；求大乘者，授以大乘。如是得大寶眾生，皆由攝受正法善男子、善女人，得此奇特希有功德。」

「世尊！大寶藏者，即是攝受正法。世尊！攝受正法、攝受正法者，無異正法，無異攝受正法，正法即是攝受正法。」

「世尊！無異波羅蜜，無異攝受正法，攝受正法即是波羅蜜。何以故？攝受正法善男子、善女人，應以施成熟者，以施成熟，乃至捨身支節，將護彼意而成熟之。彼所成熟眾生建立正法，是名檀波羅蜜。應以戒成熟者，以守護六根，淨身、口、意業，乃至正四威儀，將護彼意而成熟之。彼所成熟眾生，建立正法，是名尸波羅蜜。應以忍成熟者，若彼眾生罵詈、毀辱、誹謗、恐怖，以無恚心、饒益心、第一忍力，乃至顏色無變，將護彼意而成熟之。彼所成熟眾生，建立正法，是名羼提波羅蜜。應以精進成熟者，於彼眾生不起

懈心，生大欲心，第一精進，乃至若四威儀，將護彼意而成熟之。彼所成熟眾生，建立正法，是名毘梨耶波羅蜜。應以禪成熟者，於彼眾生，以不亂心、不外向心，第一正念，乃至久時所作、久時所說終不忘失，將護彼意而成熟之。彼所成熟眾生，建立正法，是名禪波羅蜜。應以智慧成熟者，彼諸眾生問一切義，以無畏心而為演說一切論、一切工巧究竟明處，乃至種種工巧諸事，將護彼意而成熟之。彼所成熟眾生，建立正法，是名般若波羅蜜。是故，世尊！無異波羅蜜，無異攝受正法，攝受正法即是波羅蜜。」

「世尊！我今承佛威神，更說大義。」

佛言：「便說。」

勝鬘白佛：「攝受正法、攝受正法者，無異攝受正法，無異攝受正法者，攝受正法善男子、善女人即是攝受正法。何以故？若攝受正法善男子、善女人，為攝受正法，捨三種分，何等為三？謂身、命、財。善男子、善女人捨身者，生死後際等，離老病死，得不壞常住、無有變易、不可思議功德如來法身。捨命者，生死後際等，畢竟離死，得無邊常住、不可思議功德通達一切甚深佛法。捨財者，生死後際等，得不共一切眾生、無盡無減、畢竟常住、不可思議具足功德，得一切眾生殊勝供養。世尊！如是捨三分善男子、善女人攝受正法，常為一切諸佛所記，一切眾生之所瞻仰。」

「世尊！又善男子、善女人攝受正法者，法欲滅時，比丘、比丘尼、優婆塞、優婆夷朋黨諍訟，破壞離散。以不諂

曲、不欺誑、不幻偽，愛樂正法，攝受正法，入法朋中。入
法朋者，必為諸佛之所授記。」

　　「世尊！我見攝受正法如是大力，佛為實眼實智，為法
根本，為通達法，為正法依，亦悉知見。」

　　爾時世尊於勝鬘所說攝受正法大精進力，起隨喜心：「如
是，勝鬘！如汝所說，攝受正法大精進力，如大力士少觸身
分，生大苦痛。如是，勝鬘！少攝受正法，令魔苦惱，我不
見餘一善法令魔憂苦如少攝受正法。又如牛王，形色無比勝
一切牛，如是大乘少攝受正法，勝於一切二乘善根，以廣大
故。又如須彌山王，端嚴殊特勝於眾山，如是大乘捨身命財，
以攝取心攝受正法，勝不捨身命財初住大乘一切善根，何況
二乘！以廣大故。是故，勝鬘！當以攝受正法開示眾生，教
化眾生，建立眾生。如是，勝鬘！攝受正法如是大利，如是
大福，如是大果。勝鬘！我於阿僧祇阿僧祇劫，說攝受正法
功德義利不得邊際，是故攝受正法有無量無邊功德。」

一乘章第五

　　佛告勝鬘：「汝今更說一切諸佛所說攝受正法。」

　　勝鬘白佛：「善哉！世尊！唯然受教！」

　　即白佛言：「世尊！攝受正法者，是摩訶衍。何以故？摩
訶衍者，出生一切聲聞、緣覺、世間出世間善法。世尊！如
阿耨大池出八大河，如是摩訶衍出生一切聲聞、緣覺、世間

出世間善法。世尊！又如一切種子皆依於地而得生長，如是一切聲聞、緣覺、世間出世間善法，依於大乘而得增長。是故，世尊！住於大乘，攝受大乘，即是住於二乘，攝受二乘一切世間出世間善法。」

「如世尊說六處，何等為六？謂正法住、正法滅、波羅提木叉、毘尼、出家、受具足，為大乘故說此六處。何以故？正法住者，為大乘故說，大乘住者即正法住。正法滅者，為大乘故說，大乘滅者即正法滅。波羅提木叉、毘尼，此二法者義一名異，毘尼者即大乘學。何以故？以依佛出家而受具足，是故說大乘威儀戒是毘尼、是出家、是受具足。是故阿羅漢無出家受具足，何以故？阿羅漢依如來出家，受具足故。阿羅漢歸依於佛，阿羅漢有恐怖，何以故？阿羅漢於一切無行怖畏想住，如人執劍欲來害己，是故阿羅漢無究竟樂。何以故？世尊！依不求依，如眾生無依，彼彼恐怖，以恐怖故，則求歸依。如阿羅漢有怖畏，以怖畏故，依於如來。」

「世尊！阿羅漢辟支佛有怖畏，是故阿羅漢、辟支佛，有餘生法不盡故有生；有餘梵行不成故不純；事不究竟故當有所作；不度彼故當有所斷。以不斷故，去涅槃界遠。何以故？唯有如來、應、正等覺得般涅槃，成就一切功德故，阿羅漢、辟支佛不成就一切功德，言得涅槃者是佛方便。唯有如來得般涅槃，成就無量功德故；阿羅漢、辟支佛成就有量功德，言得涅槃者是佛方便。唯有如來得般涅槃，成就不可思議功德故；阿羅漢、辟支佛成就思議功德，言得涅槃者是

佛方便。唯有如來得般涅槃，一切所應斷過皆悉斷滅，成就
第一清淨；阿羅漢、辟支佛有餘過，非第一清淨，言得涅槃
者是佛方便。唯有如來得般涅槃，為一切眾生之所瞻仰，出
過阿羅漢辟支佛菩薩境界，是故阿羅漢辟支佛，去涅槃界遠。」

「言阿羅漢、辟支佛觀察解脫四智究竟得蘇息處者，亦
是如來方便有餘不了義說。何以故？有二種死，何等為二？
謂分段死，不思議變易死。分段死者，謂虛偽眾生。不思議
變易死者，謂阿羅漢辟支佛、大力菩薩意生身，乃至究竟無
上菩提。二種死中，以分段死故，說阿羅漢辟支佛智我生已
盡；得有餘果證故，說梵行已立；凡夫人天所不能辦，七種
學人先所未作，虛偽煩惱斷故，說所作已辦；阿羅漢辟支佛
所斷煩惱，更不能受後有故，說不受後有。非盡一切煩惱，
亦非盡一切受生故，說不受後有。」

「何以故有煩惱是阿羅漢、辟支佛所不能斷？煩惱有二
種，何等為二？謂住地煩惱及起煩惱。住地煩惱有四種，何
等為四？謂見一處住地，欲愛住地，色愛住地，有愛住地。
此四種住地，生一切起煩惱，起者剎那心剎那相應。世尊！
心不相應無始無明住地。世尊！此四住地力，一切上煩惱依
種，比無明住地，算數譬喻所不能及。」

「世尊！如是無明住地力，於有愛數四住地，無明住地
其力最大。譬如惡魔波旬，於他化自在天，色力、壽命、眷
屬、眾具自在殊勝；如是無明住地力，於有愛數四住地，其
力最勝。恒沙等數上煩惱依，亦令四種煩惱久住；阿羅漢、

辟支佛智所不能斷，唯如來菩提智之所能斷。如是，世尊！無明住地最為大力。」

「世尊！又如取緣，有漏業因，而生三有，如是無明住地緣，無漏業因，生阿羅漢辟支佛大力菩薩三種意生身。此三地、彼三種意生身生及無漏業生，依無明住地，有緣非無緣，是故三種意生身及無漏業，緣無明住地。世尊！如是有愛住地數四住地，不與無明住地業同；無明住地異離四住地，佛地所斷，佛菩提智所斷。何以故？阿羅漢辟支佛斷四種住地，無漏不盡，不得自在力，亦不作證。無漏不盡者，即是無明住地。」

「世尊！阿羅漢辟支佛最後身菩薩，為無明住地之所覆障故，於彼彼法不知不覺，以不知見故，所應斷者，不斷不究竟。以不斷故，名有餘過解脫，非離一切過解脫；名有餘清淨，非一切清淨；名成就有餘功德，非一切功德。以成就有餘解脫，有餘清淨，有餘功德故，知有餘苦，斷有餘集，證有餘滅，修有餘道。是名得少分涅槃；得少分涅槃者，名向涅槃界。若知一切苦，斷一切集，證一切滅，修一切道，於無常壞世間，無常病世間，得常住涅槃，於無覆護世間，無依世間，為護為依。何以故？法無優劣故得涅槃；智慧等故得涅槃，解脫等故得涅槃，清淨等故得涅槃，是故涅槃一味等味，謂解脫味。」

「世尊！若無明住地不斷不究竟者，不得一味等味，謂明解脫味。何以故？無明住地不斷不究竟者，過恒沙等所應

斷法不斷不究竟。過恒沙等所應斷法不斷故，過恒沙等法應得不得，應證不證。是故無明住地積聚，生一切修道斷煩惱上煩惱。彼生心上煩惱，止上煩惱，觀上煩惱，禪上煩惱，正受上煩惱，方便上煩惱，智上煩惱，果上煩惱，得上煩惱，力上煩惱，無畏上煩惱。如是過恒沙等上煩惱，如來菩提智所斷，一切皆依無明住地之所建立。一切上煩惱起皆因無明住地，緣無明住地。」

「世尊！於此起煩惱，剎那心剎那相應；世尊！心不相應無始無明住地。世尊！若復過於恒沙如來菩提智所應斷法，一切皆是無明住地所持所建立。譬如一切種子，皆依地生，建立，增長，若地壞者，彼亦隨壞。如是過恆沙等如來菩提智所應斷法，一切皆依無明住地生，建立，增長，若無明住地斷者，過恆沙等如來菩提智所應斷法，皆亦隨斷。如是一切煩惱、上煩惱斷。過恆沙等如來所得一切諸法，通達無礙一切智見，離一切過惡，得一切功德法王、法主而得自在，證一切法自在之地。如來、應、等正覺正師子吼：我生已盡，梵行已立，所作已辦，不受後有。是故世尊以師子吼依於了義，一向記說。」

「世尊！不受後有智有二種。謂如來以無上調御降伏四魔，出一切世間，為一切眾生之所瞻仰，得不思議法身，於一切爾焰地，得無礙法自在，於上更無所作，無所得地，十力勇猛，昇於第一無上無畏之地，一切爾炎無礙智觀，不由於他，不受後有智師子吼。世尊！阿羅漢、辟支佛，度生死

畏，次第得解脫樂，作是念：我離生死恐怖，不受生死苦。世尊！阿羅漢、辟支佛觀察時，得不受後有觀第一蘇息處涅槃地。世尊！彼先所得地，不愚於法，不由於他，亦自知得有餘地，必當得阿耨多羅三藐三菩提。何以故？聲聞、緣覺乘，皆入大乘；大乘者，即是佛乘，是故三乘即是一乘。得一乘者，得阿耨多羅三藐三菩提；阿耨多羅三藐三菩提者，即是涅槃界；涅槃界者，即是如來法身。得究竟法身者，則究竟一乘。無異如來，無異法身，如來即法身。得究竟法身者，則究竟一乘；究竟者，即是無邊不斷。」

　　「世尊！如來無有限齊時住，如來應等正覺後際等住，如來無限齊大悲，亦無限齊安慰世間。無限大悲，無限安慰世間，作是說者，是名善說如來，若復說言：無盡法，常住法，一切世間之所歸依者，亦名善說如來。是故於未度世間，無依世間，與後際等，作無盡歸依，常住歸依者，謂如來應等正覺也。法者即是說一乘道，僧者是三乘眾，此二歸依，非究竟歸依。名少分歸依。何以故？說一乘道法，得究竟法身，於上更無說一乘法事。三乘眾者，有恐怖，歸依如來，求出修學，向阿耨多羅三藐三菩提。是故二依，非究竟依，是有限依。」

　　「若有眾生，如來調伏，歸依如來，得法津澤，生信樂心，歸依法僧，是二歸依，非此二歸依，是歸依如來。歸依第一義者，是歸依如來，此二歸依第一義，是究竟歸依如來。何以故？無異如來。無異二歸依，如來即三歸依。何以故？

說一乘道，如來四無畏成就師子吼說，若如來隨彼所欲而方便說，即是大乘，無有三乘，三乘者入於一乘；一乘者，即第一義乘。」

無邊聖諦章第六

「世尊！聲聞緣覺初觀聖諦，以一智斷諸住地，以一智四斷知功德作證，亦善知此四法義。世尊！無有出世間上上智，四智漸至，及四緣漸至；無漸至法，是出世間上上智。世尊！金剛喻者，是第一義智。世尊！非聲聞緣覺不斷無明住地，初聖諦智是第一義智。世尊！以無二聖諦智斷諸住地。世尊！如來應等正覺，非一切聲聞緣覺境界，不思議空智，斷一切煩惱藏。世尊！若壞一切煩惱藏究竟智，是名第一義智；初聖諦智，非究竟智，向阿耨多羅三藐三菩提智。」

「世尊！聖義者，非一切聲聞緣覺，聲聞緣覺成就有量功德，聲聞緣覺成就少分功德，故名之為聖。聖諦者，非聲聞緣覺諦，亦非聲聞緣覺功德。世尊！此諦如來應等正覺初始覺知，然後為無明糓藏世間開現演說，是故名聖諦。」

如來藏章第七

「聖諦者，說甚深義，微細難知，非思量境界，是智者所知，一切世間所不能信。何以故？此說甚深如來之藏；如來藏者，是如來境界，非一切聲聞緣覺所知，如來藏處說聖

諦義，如來藏處甚深，故說聖諦亦甚深，微細難知，非思量境界，是智者所知，一切世間所不能信。」

法身章第八

「若於無量煩惱藏所纏如來藏不疑惑者，於出無量煩惱藏法身亦無疑惑。於說如來藏如來法身不思議佛境界，及方便說心得決定者，此則信解說二聖諦。如是難知難解者，謂說二聖諦義。何等為說二聖諦義？謂說作聖諦義，說無作聖諦義。說作聖諦義者，是說有量四聖諦。何以故？非因他能知一切苦，斷一切集，證一切滅，修一切道。是故世尊！有有為生死，無為生死，涅槃亦如是，有餘及無餘。說無作聖諦義者，說無量四聖諦義。何以故？能以自力知一切受苦，斷一切受集，證一切受滅，修一切受滅道。如是八聖諦，如來說四聖諦。」

「如是無作四聖諦義，唯如來應等正覺事究竟，非阿羅漢辟支佛事究竟，何以故？非下中上法得涅槃。何以故？如來應等正覺，於無作四聖諦義事究竟？以一切如來應等正覺，知一切未來苦，斷一切煩惱上煩惱所攝受一切集，滅一切意生身，除一切苦滅作證。世尊！非壞法故，名為苦滅，所言苦滅者，名無始無作，無起無盡，離盡常住，自性清淨，離一切煩惱藏。」

「世尊！過於恒沙不離不脫不異不思議佛法成就，說如

來法身。」

「世尊！如是如來法身，不離煩惱藏，名如來藏。」

空義隱覆真實章第九

「世尊！如來藏智，是如來空智，世尊！如來藏者，一切阿羅漢辟支佛大力菩薩，本所不見，本所不得。」

「世尊！有二種如來藏空智；世尊！空如來藏，若離若脫若異一切煩惱藏；世尊！不空如來藏，過於恒沙不離不脫不異不思議佛法。世尊！此二空智，諸大聲聞能信如來。一切阿羅漢辟支佛空智，於四不顛倒境界轉，是故一切阿羅漢辟支佛，本所不見本所不得。一切苦滅，唯佛得證，壞一切煩惱藏，修一切滅苦道。」

一諦章第十

「世尊！此四聖諦，三是無常一是常。何以故？三諦入有為相，入有為相者是無常，無常者是虛妄法，虛妄法者非諦非常非依。是故苦諦集諦道諦非第一義諦，非常非依。」

一依章第十一

「一苦滅諦，離有為相，離有為相者是常，常者非虛妄法，非虛妄法者是諦是常是依，是故滅諦是第一義。」

顛倒真實章第十二

「不思議是滅諦，過一切眾生心識所緣，亦非一切阿羅漢辟支佛智慧境界。譬如生盲不見眾色，七日嬰兒不見日輪。苦滅諦者亦復如是，非一切凡夫心識所緣，亦非二乘智慧境界。」

「凡夫識者，二見顛倒；一切阿羅漢辟支佛智者，則是清淨。邊見者，凡夫於五受陰，我見妄想計著，生二見，是名邊見，所謂常見斷見。見諸行無常，是斷見，非正見；見涅槃常，是常見，非正見，妄想見故，作如是見。於身諸根，分別思維，現法見壞，於有相續不見，起於斷見，妄想見故。於心相續愚闇不解，不知剎那間意識境界，起於常見，妄想見故。此妄想見，於彼義若過若不及，作異想分別若斷若常。顛倒眾生，於五受陰，無常常想，苦有樂想，無我我想，不淨淨想。一切阿羅漢辟支佛淨智者，於一切智境界，及如來法身，本所不見。或有眾生信佛語故，起常想樂想我想淨想，非顛倒見，是名正見。何以故？如來法身，是常波羅蜜，樂波羅蜜，我波羅蜜，淨波羅蜜。於佛法身作是見者，是名正見，正見者是佛真子，從佛口生，從正法生，從法化生，得法餘財。」

「世尊！淨智者，一切阿羅漢辟支佛智波羅蜜。此淨智者，雖曰淨智，於彼滅諦尚非境界，況四依智！何以故？三

乘初業不愚於法，於彼義當覺當得，為彼故，世尊說四依。世尊！此四依者，是世間法。世尊！一依者，一切依止，出世間上上第一義依，所謂滅諦。」

自性清淨章第十三

「世尊！生死者，依如來藏；以如來藏故，說本際不可知。世尊！有如來藏故說生死，是名善說。世尊！生死生死者，諸受根沒，次第不受根起，是名生死，世尊！生死者，此二法是如來藏。世間言說故有死有生：死者諸根壞，生者新諸根起。非如來藏有生有死，如來藏者離有為相，如來藏常住不變。是故如來藏是依是持是建立。世尊！不離不斷不脫不異不思議佛法。世尊！斷脫異外有為法依持建立者，是如來藏。」

「世尊！若無如來藏者，不得厭苦，樂求涅槃。何以故？於此六識及心法智，此七法剎那不住，不種眾苦，不得厭苦樂求涅槃。世尊！如來藏者，無前際，不起不滅法，種諸苦，得厭苦樂求涅槃。世尊！如來藏者，非我、非眾生、非命、非人。如來藏者，墮身見眾生，顛倒眾生，空亂意眾生，非其境界。」

「世尊！如來藏者，是法界藏、法身藏、出世間上上藏、自性清淨藏。此自性清淨如來藏，而客塵煩惱上煩惱所染，不思議如來境界。何以故？剎那善心，非煩惱所染；剎那不

善心，亦非煩惱所染。煩惱不觸心，心不觸煩惱，云何不觸法而能得染心？世尊！然有煩惱，有煩惱染心，自性清淨心而有染者，難可了知。唯佛世尊，實眼實智，為法根本，為通達法，為正法依，如實知見。」

勝鬘夫人說是難解之法問於佛時，佛即隨喜：「如是如是，自性清淨心而有染污，難可了知。有二法難可了知：謂自性清淨心難可了知，彼心為煩惱所染亦難了知。如此二法，汝及成就大法菩薩摩訶薩乃能聽受，諸餘聲聞，唯信佛語。」

真子章第十四

「若我弟子隨信增上者，依明信已，隨順法智而得究竟。隨順法智者，觀察施設根意解境界，觀察業報，觀察阿羅漢眼，觀察心自在樂禪樂，觀察阿羅漢、辟支佛、大力菩薩聖自在通，此五種巧便觀成就。於我滅後未來世中，我弟子隨信增上，依於明信，隨順法智。自性清淨心，彼為煩惱染污，而得究竟。是究竟者，入大乘道因。信如來者，有是大利益，不謗深義。」

爾時勝鬘白佛言：「更有餘大利益，我當承佛威神，復說斯義。」

佛言：「更說。」

勝鬘白佛言：「三種善男子、善女人，於甚深義離自毀傷，生大功德，入大乘道。何等為三？謂若善男子、善女人自成

就甚深法智,若善男子、善女人成就隨順法智,若善男子、善女人於諸深法不自了知,仰惟世尊:『非我境界,唯佛所知。』是名善男子、善女人仰惟如來。」

勝鬘章第十五

「除此諸善男子、善女人已,諸餘眾生,於諸甚深法堅著妄說,違背正法,習諸外道腐敗種子者,當以王力及天龍鬼神力而調伏之。」

爾時勝鬘與諸眷屬頂禮佛足,佛言:「善哉!善哉!勝鬘!於甚深法方便守護,降伏非法,善得其宜。汝已親近百千億佛,能說此義。」

爾時世尊放勝光明,普照大眾,身昇虛空高七多羅樹,足步虛空還舍衛國。時勝鬘夫人與諸眷屬,合掌向佛,觀無厭足目不暫捨,過眼境已踊躍歡喜,各各稱歎如來功德具足,念佛還入城中,向友稱王稱歎大乘。城中女人七歲已上化以大乘,友稱大王亦以大乘化諸男子七歲已上,舉國人民皆向大乘。

爾時世尊入祇桓林,告長老阿難及念天帝釋,應時帝釋與諸眷屬忽然而至,住於佛前。爾時世尊向天帝釋及長老阿難廣說此經,說已告帝釋言:「汝當受持讀誦此經。憍尸迦!善男子、善女人於恒沙劫修菩提行,行六波羅蜜;若復善男子、善女人聽受讀誦,乃至執持經卷,福多於彼,何況廣為

人說？是故，憍尸迦！當讀誦此經，為三十三天分別廣說。」

復告阿難：「汝亦受持讀誦，為四眾廣說。」

時天帝釋白佛言：「世尊！當何名斯經？云何奉持？」

佛告帝釋：「此經成就無量無邊功德，一切聲聞、緣覺不能究竟觀察知見。憍尸迦！當知此經甚深微妙大功德聚，今當為汝略說其名。諦聽！諦聽！善思念之。」

時天帝釋及長老阿難白佛言：「善哉！世尊！唯然受教。」

佛言：「此經歎如來真實第一義功德，如是受持。不思議大受，如是受持，一切願攝大願，如是受持。說不思議攝受正法，如是受持。說入一乘，如是受持。說無邊聖諦，如是受持。說如來藏，如是受持。說法身，如是受持。說空義隱覆真實，如是受持。說一諦，如是受持。說常住安隱一依，如是受持。說顛倒真實，如是受持。說自性清淨心隱覆，如是受持。說如來真子，如是受持。說勝鬘夫人師子吼，如是受持。復次，憍尸迦！此經所說斷一切疑，決定了義，入一乘道。憍尸迦！今以此說勝鬘夫人師子吼經，付囑於汝，乃至法住受持讀誦，廣分別說。」

帝釋白佛言：「善哉！世尊！頂受尊教。」

時天帝釋、長老阿難，及諸大會天、人、阿修羅、乾闥婆等，聞佛所說，歡喜奉行。

「人類如何去信仰」與「人類信仰什麼」
是同樣重要的問題……

從「媽祖回娘家」的三牲五果，到伊斯蘭的齋月禁食；
從釋迦牟尼的菩提悟道，到耶穌基督的流血救贖；
多元的宗教是人類精神信仰的豐富展現，卻也是人類爭
戰不息的原因。
然而，真正的多元化是建立在社會群眾彼此寬容及相互
理解的基礎之上，
「宗教文庫」的企圖，
就是提供各種宗教的基本知識，以做為個人或群體認識
各個宗教的管道。
畢竟，「人類如何去信仰」與「人類信仰什麼」是同樣
重要的問題，
藉由這套叢書多樣的內容，
我們期望大眾能接觸多元的宗教知識，從而培養理性的
態度及正確的信仰。

頓悟之道——勝鬘經講記　　謝大寧／著

你不是去信一尊外在的佛
而是去信你自己的心

如果眾生皆有無明住地的煩惱，是否有殊勝的法門可以對治呢？本書以「真常唯心」系最重要的經典——《勝鬘經》來顯發大乘教義，剖析人間社會的結構性煩惱，並具體指出眾生皆有如來藏心；而唯有護持這顆清淨心，才能真正斷滅人世煩惱，頓悟解脫。

唯識思想入門　　橫山紘一／著　　許洋主／譯

從自己存在的根源除去污穢
而成為充滿安樂的新自己

疏離的時代，人類失去了自己本來的主體性，並正被異化、量化為巨大組織中的一小部分，而如果罹患了疏離感的現代人不做出主動且積極的努力，則永遠不得痊癒。唯識思想的歷史是向人類內心世界探究的歷史，而它的目的就在於：使人類既充滿污穢又異化的心，恢復清淨及正常的本質。

改變歷史的佛教高僧 于凌波／著

大法東來，經典流布
佛門龍象，延佛慧命

佛教的種子傳入中國之後，所以能在中國的土壤紮根生長，實在是因為佛門高僧輩出。他們藉由佛經的翻譯及法義的傳播來開拓佛法，使佛教蓬勃發展。當我們追懷魏晉南北朝時代的佛教及那個時代的高僧時，也盼古代佛門龍象那種旺盛的開拓精神可以再現，為佛法注入新的生命。

伊斯蘭教與中國社會 葛 壯／著

堅定信仰真主的力量
成為優越奮發的穆斯林

曾經有一個虔誠的穆斯林說：「如果我信仰真主，當然是我優越，如果我不信仰真主，這條狗就比我優越。」就因為穆斯林們的堅定信仰，使得阿拉伯的伊斯蘭文化不斷地在中國各地傳播，並與中國各朝代的商業、政治、文化及社會產生了密切的互動。且讓我們走進歷史的事蹟裡，一探穆斯林在中國社會中的信仰點滴。

從印度佛教到泰國佛教
宋立道／著

一尊獨一無二的翡翠玉佛
一段古老而深遠的佛教傳播

南傳佛教歷經兩千餘年的發展，堅定地在東南亞大陸站穩腳跟，成為當地傳統文化的主流，不僅支配人們的道德觀念、影響人們的生活情趣，更成為泰國政治意識型態的一部分。藉由玉佛的故事，且看一代聖教如何滲透到東南亞社會的政治、歷史與文化各方面，以及宗教在人類創造活動中的偉大作用。

印度教導論
摩訶提瓦／著　林煌洲／譯

若可實踐正確之身心鍛鍊
則真實之洞見將隨之而生

由正當的語言、思想及行為著手，積極地提升自己的內在精神，寬容並尊重各種多元的思想，進而使智慧開顯豁達，體悟真理的奧祕，這就是印度教。印度教強調以各種方法去經驗實在及實踐愛，而這正是本書力求把印度教介紹給世人的寫作動力。藉由詳盡的闡釋，本書已提供了一條通往永恆及良善生活方式的線索。

白馬湖畔話弘一　　陳　星／著

一處清涼無染的白馬湖畔
一生魅力無窮的弘一大師

碧水潋灩的白馬湖有著桃花源般的寧靜，它以超凡的秉性成為千丈紅塵中的清涼世界；而弘一大師就像引起湖面漣漪的一股清流，他與白馬湖作家群交錯成一幕魅力無窮的人文風景。本書娓娓道出弘一大師在白馬湖居留期間的事跡，讓您沈浸在大師的文心、藝術與佛緣裡。

圓通證道——印光的淨土啟化　　陳劍鍠／著

啟化眾生正信
開闢人間希望淨土

佛教自清朝雍正皇帝以降，因未能防止無賴之徒剃度為僧，故僧流猥雜，使得佛法面臨滅法的劫難。在這種逆流的環境下，印光大師續佛慧命，啟化佛教信徒要能慎思明辨、確立正信；他並提倡他力往生的淨土思想，建立求生西方極樂的堅定信念，為人世間開闢了一片希望的淨土。

國家圖書館出版品預行編目資料

頓悟之道:勝鬘經講記 / 謝大寧著. －－初版一刷. －
　－臺北市；東大，民91
　　面；　　公分－－(宗教文庫)

ISBN 957-19-2670-1　　(平裝)

1.方等部

221.32　　　　　　　　　　　　91004168

網路書店位址　http :// www. sanmin. com. tw

© 頓　悟　之　道
──勝鬘經講記

著作人　謝大寧
發行人　劉仲文
著作財
產權人　東大圖書股份有限公司
　　　　臺北市復興北路三八六號
發行所　東大圖書股份有限公司
　　　　地址 / 臺北市復興北路三八六號
　　　　電話 / 二五〇〇六六〇〇
　　　　郵撥 / 〇一〇七一七五──〇號
印刷所　東大圖書股份有限公司
門市部　復北店 / 臺北市復興北路三八六號
　　　　重南店 / 臺北市重慶南路一段六十一號
初版一刷　中華民國九十一年四月
編　　號　E 22064
基本定價　參元貳角
行政院新聞局登記證局版臺業字第〇一九七號